WHEN THE WHALES WALKED

Written by Dougal Dixon and illustrated by Hannah Bailey
Copyright © 2018 Quarto Publishing plc
First Published in 2018 by words & pictures, an imprint of The Quarto Group
All rights reserved
Korean translation copyright © 2021 Yellowpig Publishers
Korean translation rights arranged with The Quarto Group through Orange Agency

이 책의 한국어판 저작권은 오렌지에이전시를 통한
The Quarto Group과의 독점 계약으로 "**도서출판 노란돼지**"에 있습니다.
저작권법에 의해 한국 내에서 보호를 받는 저작물이므로
무단전재와 무단복제를 금합니다.

글 · 두걸 딕슨

스코틀랜드에서 태어났어요. 다섯 살 때부터 공룡에 매혹되어 세인트앤드루스대학교에서 지질학과 고생물학을 공부하고 과학 논픽션 작가이자 화가로 활동하고 있어요. 210여 권의 책과 백과사전 등을 저술·편집했고, 영국 자연사박물관 및 하버드, 코넬, 스탠퍼드 등에서 고문으로 활동하고 있습니다. 지은 책으로 《미래 동물 대탐험》, 《미래 동물 이야기》, 《공룡 박사와 떠나는 공룡 대탐험》, 《처음 만나는 공룡의 세계》 등이 있어요.

그림 · 한나 베일리

일러스트레이터이자 디자이너예요. 주로 자연 세계에서 영감을 받습니다. 역사와 어린이들을 위한 논픽션에 특별한 애정을 갖고 그림을 그립니다.

옮김 · 황세림

대학교에서 미학을 전공하고 대학원에서 비교문학을 공부했어요. 책이 좋고, 원문 고유의 울림이 좋고, 우리말의 무한한 가능성이 좋아서 꾸준히 번역을 하고 있어요. 옮긴 책으로는 《스룰릭》, 《지구의 역사가 1년이라면》, 《신비하고 아름다운 우주》, 《이웃집 공룡 볼리바르》 등이 있어요.

추천 · 이지유

서울대학교 사범대학 지구과학교육과를 졸업하고, 같은 대학 천문학과 석사 과정을 수료했어요. 과학 교육의 목적은 '발견의 기쁨'을 느끼는 것이라 여겨, 재미나면서도 철학이 깃든 과학책을 만들고 있습니다.

목차

진화란 무엇일까? ······· 8

지질 연대표를 살펴보자 ········ 10

생명의 나무를 그리자 ········ 12

자연은 거대한 실험을 했어 ······· 14

지느러미가 발이 됐어 ········ 16

도마뱀이 물로 돌아갔어 ········ 20

파충류한테 날개가 생겼어 ······· 24

악어가 세상을 지배했어 ········ 28

뱀도 다리가 있었어 ········ 32

새도 이빨이 있었어 ········ 34

고래가 걸었어 ········ 40

코뿔소가 거대해졌어 ········ 46

코끼리는 아주 작았어 ········ 50

새가 날기를 포기했어 ········ 54

포유류가 사냥을 시작했어 ········ 56

영장류가 나무에서 내려왔어 ········ 60

진화는 계속될 거야 ········ 66

찾아보기 ········ 68

진화란 무엇일까?

바다 밑에서 화산이 솟아나 물을 뚫고 폭발한다고 생각해 봐.
용암이 식으면 섬이 되겠지? 길 잃은 철새 떼가 쉬어 가려고 이 섬에 내려앉을지도 몰라.
그런데 먹을 거라곤 해안에 떠밀려 온 새우뿐이야! 그러면 새우를 잘 먹는 몇 마리만
살아남고, 나머지는 굶어 죽거나 먹이를 찾아 딴 데로 날아갈 거야.

남은 새들은 알을 낳겠지. 어떤 새끼들은 새우를 좋아하니 새우를 먹고 살 거야. 나머지는
처음에 왔다가 끝내 못 버틴 새들과 똑같아. 새우를 못 먹으니 굶어 죽을 거고,
새우를 먹는 녀석들만 자라서 또 새끼를 깔 거야.

세월이 흐르고 흘러 새우를 먹는 새들만 살아남았어.
처음에 왔다가 못 버티고 떠난 새들의 후손이 또 길을 잃고 날아들었지.
와서 보니 섬에 남은 새들은 너무 달라져서 아예 다른 종이 됐어.
이런 걸 '진화'라고 해.

변화와 적응

진화는 언제 어디서든 일어날 수 있어. 새로 생긴 섬에서만 있는 일은 아니야. 서식 환경이나 기후가 달라져도 진화가 일어날 수 있지. 동물이 진화를 결정하는 건 아니야. 진화는 여러 세대에 걸쳐 작고 작은 변화가 쌓이면서 아주 천천히 진행되는 과정이야.

돌연변이

동물이 새끼를 낳으면 새끼는 대부분 부모와 아주 비슷해서 부모가 살던 환경에서 살 수 있어. 그런데 이따금 새끼의 특성을 지배하는 유전자가 난데없이 변하기도 해. 이런 변화를 '돌연변이'라고 하지. 돌연변이는 대부분 동물이 살아가는 데 불리하게 작용해. 동물이 죽거나 새끼를 못 낳으면 돌연변이도 후대로 이어질 수 없지.

그런데 때로는 돌연변이가 살아가는 데 유리할 수도 있어. 돌연변이 덕분에 살아남은 동물이 건강한 새끼도 많이 낳고, 이로운 돌연변이를 후대에 물려주는 거지. 이런 과정을 '자연 선택'이라고 해. 진화의 원리는 간단해. 돌연변이 때문에 변화가 생기고, 자연 선택에 따라서 이로운 돌연변이를 대물림하는 동물이 느는 거야.

여행을 떠나자!

우리는 지금부터 지구 생물의 역사를 돌아보며 흥미진진한 여행을 함께할 거야. 열세 가지 사례를 통해 최초의 어류에서부터 지금의 인류에 이르기까지 다양한 동물의 진화를 살펴보는 거지. 여러 동물의 역사를 눈으로 좇으면서, 진화 과정에 일정한 규칙이 나타나는지도 알아보자!

지질 연대표를 살펴보자

지구가 충분히 냉각되고 안정되어 생존이 가능해진 뒤로 지구에는 줄곧 생물이 살았어. 약 35억 년 전부터 살았는데, 시간 단위가 너무 커서 감이 잘 안 오지? 그래서 과학자들은 지구의 역사를 한눈에 알기 쉽게 몇몇 시대로 나누기도 해. 각 시대에 살았던 생물의 종류를 기준으로, 지구의 역사를 몇몇 덩어리로 나누어 살피는 거야.

지질 연대표 : 6억 년 전부터 현재까지

	대	기	세	사건
0	신생대	제4기	플라이스토세	
260만 년		신제3기	플라이오세	
			마이오세	
2천 3백만 년		고제3기	올리고세	
			에오세	
5천만 년			팔레오세	
1억 년	중생대	백악기		
1억 5천만 년		쥐라기		
2억 년		트라이아스기		
2억 5천만 년	고생대	페름기		
3억 년		석탄기		
3억 5천만 년		데본기		
4억 년		실루리아기		
4억 5천만 년		오르도비스기		
5억 년		캄브리아기		
5억 5천만 년	원생대 말	선캄브리아대		
6억 년				

생물이 있고부터, 당연히 진화도 있었어. 기나긴 역사를 돌아볼 때, 지구에는 정말 오랫동안 세포 하나로 이루어진 단순한 생물만 있었어. 복잡한 생물은 6억 년 전쯤에 나타났지.

왼쪽 도표를 볼까?

지구상의 생물을 시대별로 보여 주는 '지질 연대표'야. 이 연대표의 순서는 다 비슷비슷해. 가장 오래전 생물이 맨 밑에, 가장 최근에 나타난 생물이 맨 위에 오지. 지구 암석층이 쌓인 순서를 반영한 거야.

화석은 뭘까?

화석은 암석에 보존된 생물의 흔적이야. 화석은 주로 바다 퇴적물에서 발견되지. 사실, 약 4억 년 전까지만 해도 모든 생물이 바다에서 살았거든. 그 이후에 육상 동식물 화석도 점차 나타나는데, 바다 생물 화석에 비하면 아주 드물어.

오늘날의 지구

백악기
6천6백만 년 전

쥐라기
1억 4천5백만 년 전

페름기
2억 5천만 년 전

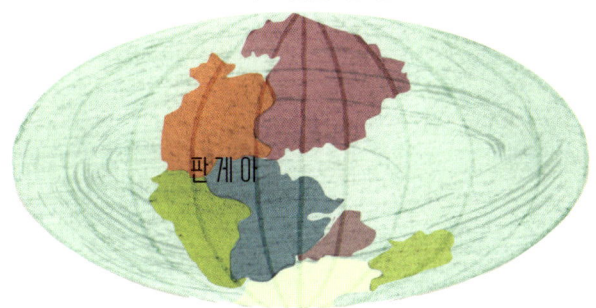

실루리아기
4억 1천9백만 년 전

지구가 변했어

생물만 변한 게 아니야. 지구의 표면도 계속 변했어. 수억 년 전에는 큰 대륙 몇 개가 온 지구에 흩어져 있었어. 대륙들은 계속 움직였지. 지구 속에 있는 부드러운 암석층 위를 떠다녔어. 그러다 3억 3천5백만 년 전쯤 모든 대륙이 모여서 하나의 '초대륙'을 이루었는데, 이를 '판게아'라고 해.

판게아는 6천만 년쯤 유지되다가 쥐라기 중기에 쪼개지기 시작했어. 땅덩어리가 하나둘 서서히 떨어져 나가면서 오늘날의 대륙을 이루었지. 남아메리카 동부 해안이 왜 아프리카 서부 해안과 딱 들어맞는지 아니?
오래 전에는 하나였기 때문이야. 대륙들은 지금도 움직이고 있어. 아주 천천히, 1년에 2.5cm쯤 움직여.

모든 것이 변했어

오늘날 세계 곳곳에는 아주 다양한 동물이 살아. 수억 년 전 각 대륙에는 서로 다른 동물종이 살았지만, 전 대륙이 하나로 합쳐지면서 종이 뒤섞였지. 그러다 대륙이 다시 쪼개지면서 동물도 나뉘었어. 대륙들은 무더운 열대 지방과 추운 극지방으로 이동하면서 기후가 변했고. 이런 조건의 변화가 자연 선택과 맞물려서 오늘날과 같은 거대한 생물 다양성이 나타났어.

생명의 나무*를 그리자

한 동물군이 다른 동물군으로 변한다는 진화 개념은 오래전부터 있었어.
하지만 이 개념을 세상에 널리 알린 사람은 바로 영국 과학자 찰스 다윈이야.
1859년에 《종의 기원》이라는 책을 펴내면서 대단한 주목을 끌었지.

다윈은 돌연변이와 자연 선택이 맞물려 진화가 일어난다는 사실을 처음
깨달은 사람으로 유명해. 그런데 그거 알아? 앨프리드 러셀 월리스라는 과학자도
다른 지역에서 연구를 진행했고 비슷한 시기에 같은 결론에
이르렀대. 알 만한 사람은 아는 얘기지.

다윈과 '생명의 나무'

다윈은 진화가 단순하게 진행된다고 보지 않았어.
한 동물이 다른 동물로 변하고 그 동물이 또 다른
동물로 변하는 식이 아니라는 거지. 진화는 오히려
나무나 덤불처럼, 여러 개의 선이 사방으로 가지를
뻗는 모양새로 진행됐어. 가지는 대부분 죽었지만,
일부는 계속 살아남았어. 살아남은 가지는 저마다
또 잔가지를 뻗어 나갔지.

다윈이 생각한 '생명의 나무' 개념은 진화의 역사
를 한눈에 보여 주는 기준으로 자리 잡아 백 년쯤
이어졌어. 화석 증거를 기초로 가지를 그려 보면
지질 연대에도 딱 들어맞았지. 화석을 찾아 나선
사람들은 한 동물이 어떻게 다른 동물로 진화했는
지 보여 주는 '잃어버린 고리'가 될 만한 새로운 발
견을 찾아헤맸어. 오른쪽 그림은 이 책에 나오는
동물을 중심으로 아주 단순하게 그린 생명의 나무
야. 생명의 나무를 온전히 그리면 가지도 훨씬 많
고, 모든 식물과 미생물까지 다 포함해야 하니 엄청
나게 복잡해진단다.

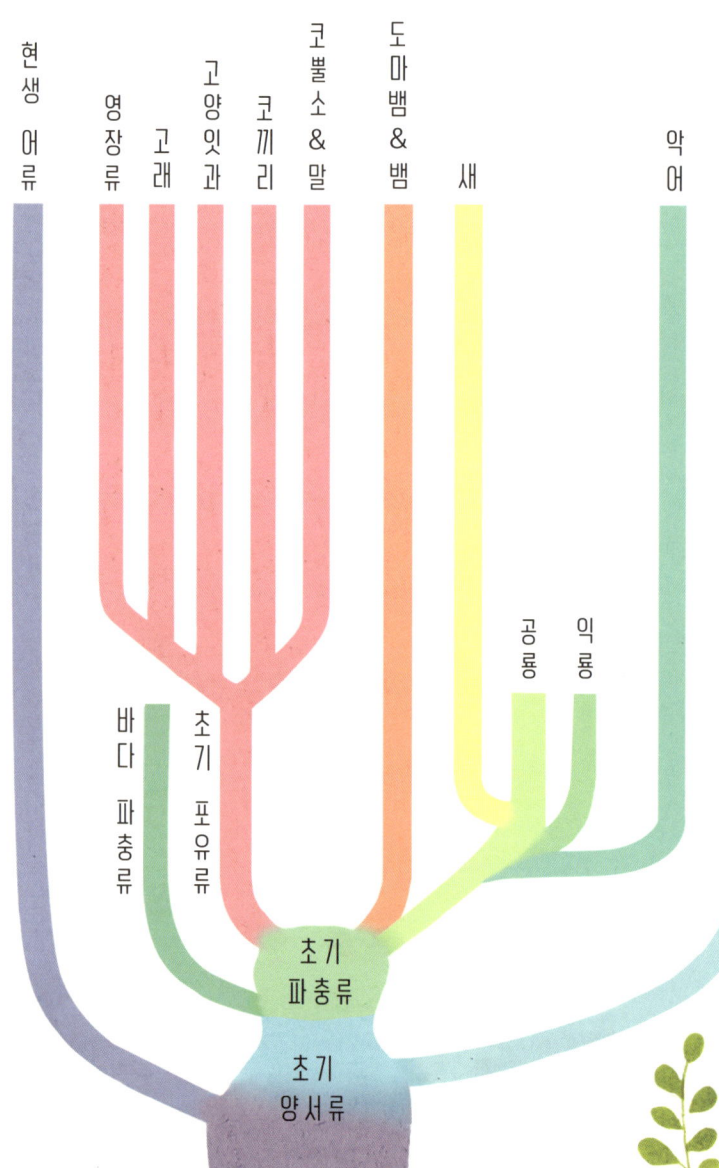

* 생명의 나무는 지구 생물의 역사에 나타난 온갖 생물종의 진화 계통을 나무 형태로 표현한 거야. '진화계통수'라고도 해.

분기도

과학자들은 어떤 동물 집단이나 계통을 탐구할 때 분기도라는 도표를 이용해. 분기도를 그리기 위해 다양한 동물의 특징을 수집하고 비교하지. 비슷한 점을 따져 보면, 어떤 동물들이 서로 더 가깝게 얽혀 있는지 알 수 있단다.

요즘은 과학자들이 동물 DNA를 분석해서 분기도를 그려. DNA, 즉 세포의 유전자 구조를 이용해서 어떤 계통이 언제, 어느 계통에서 갈라져 나왔는지 밝혀내지.

'MYA'란?

지구의 역사를 다루는 영어권 책을 보면 때때로 연대를 나타내는 숫자 뒤에 MYA라는 글자가 따라붙어. MYA는 '수백 만 년 전'을 뜻하는 영어 'Millions of Years Ago'를 줄인 말이야. 이 책에 나오는 '2억 5천만 년 전' 같은 연대는 '250 MYA'를 한글로 옮긴 거지. 이때, MYA 앞에 나오는 연대는 근사치라고 생각하면 돼. 화석을 토대로 연대를 추정하는데, 발굴된 화석이 적을수록 알아낼 수 있는 게 별로 없으니까.

오랜 역사에 걸쳐 온갖 낯설고도 아름다운 동물이 지구를 돌아다녔어. 일부는 막다른 길에 이르러 멸종했지만, 일부는 계속 진화해서 오늘날 우리가 아는 종이 됐지.

이제 진화의 원리를 알았으니, 생생한 진화의 과정을 살펴볼 시간이야!

자, 그럼 시간을 거슬러 올라가 볼까!

13

자연은 거대한 실험을 했어

5억 4천만 년 전쯤에 이상한 일이 일어났어. 딱딱한 껍데기가 갑자기 진화한 거야. 별일 아닌 것처럼 느껴질 수도 있지만, 그 영향은 엄청났어. 그전에는 동물이 다 부드럽고 물렁했거든. 부드러운 껍질 안에 물컹한 내장을 채운 작은 베개 같아서 화석이 될 만한 부분이 거의 없었어. 그런데 이제 딱딱한 껍데기가 있으니 화석을 남길 수 있었지. 사람들은 이 시기부터 생명이 어떻게 진화했는지를 분명히 알 수 있게 됐어.

시행착오

딱딱한 껍데기나 뼈대는 아주 유익했어. 덕분에 온갖 새로운 것들이 진화했지. 자연은 다양한 형태와 습성을 실험하면서 효과를 검증하는 듯했어. 새로운 생물은 대부분 적응에 실패했지만 일부는 계속 진화해서 오늘날 지구상에서 볼 수 있는 다양한 동물종이 되었단다.

낯선 화석

딱딱한 껍데기의 발달은 캄브리아기의 시작을 알리는 신호탄이야. 캐나다 브리티시컬럼비아주의 버지스산에는 캄브리아기 암석층이 있는데, 이를 '버지스 셰일'이라고 해. 버지스 셰일에는 캄브리아기에 바다에서 진화한 낯선 생물 화석이 많이 보존돼 있어. 그중에서 몇 개만 살펴볼까?

할루키게니아

표기: Hallucigenia
길이: 3센티미터

할루키게니아를 보면 위로 가시가 쭉 돋았고, 아래쪽엔 다리가 버팀목처럼 늘어섰고, 한쪽 끝엔 몸통이 길게 뻗었어요. 과학자들은 할루키게니아가 어떻게 살았는지, 위아래 구분은 정확한지 계속 연구 중이에요. 할루키게니아는 캄브리아기에만 살았어요.

오파비니아

표기: Opabinia
길이: 7센티미터

오파비니아는 껍데기가 딱딱한 동물이면서 몸통이 체절로 구분돼 있어요. 길쭉한 코 끝에 집게가 달렸고, 꼬리에 아가미가 있었던 것 같아요. 눈은 다섯 개예요. 한번 세어 보세요! 안타깝게도 오파비니아도 살아남지는 못했어요.

위왁시아

표기: Wiwaxia
길이: 5센티미터

사슬 갑옷을 두르고 삐죽삐죽 가시를 세운 민달팽이 같은 위왁시아는 이 무렵 널리 번성해서, 캐나다와 중국에서도 화석이 발견됐어요. 하지만 그리 오래 살아남지는 못했지요.

카나다스피스

표기: Canadaspis
길이: 7.5센티미터

껍데기가 딱딱한 동물 중에서 카나다스피스는 성공한 것 같아요. 생김새를 보면 몸통은 체절로 구분되고, 묵직한 방패 같은 껍데기가 앞부분을 감쌌어요. 다리는 쌍을 이루고 머리엔 음식물을 섭취하는 기관이 있었지요. 이 종이 살아남고 계속 진화해서 오늘날 해양 절지동물이 된 것 같아요. 게와 가재의 조상인 셈이지요.

피카이아

표기: Pikaia
길이: 4센티미터

성공한 종이 또 있어요!
피카이아는 몸속에 긴 축이 있고, 축 양쪽으로는 근절이 쭉 달려서, 온몸을 좌우로 움직이며 헤엄쳤어요. 초기 척삭동물이었던 것 같아요. 척삭동물이란 어류, 파충류, 조류, 포유류 등 모든 척추동물을 포함하는 개념이에요. 인류도 물론 포함하지요.

지느러미가 발이 됐어

지구 역사를 돌아보면 생물은 아주 오랫동안 물속에서 살고 진화했어.
약 4억 년 전에야 비로소 물 밖에서도 살기 시작했지. 그러면서 척추동물은
폐가 발달했어. 전체적인 생김새도 완전히 달라졌지.

물이냐 땅이냐

물속에서 살기 알맞은 물고기의 생김새와 땅에서 사는 단순한 네발짐승인 도마뱀의 생김새가 어떻게 다른지 보자.

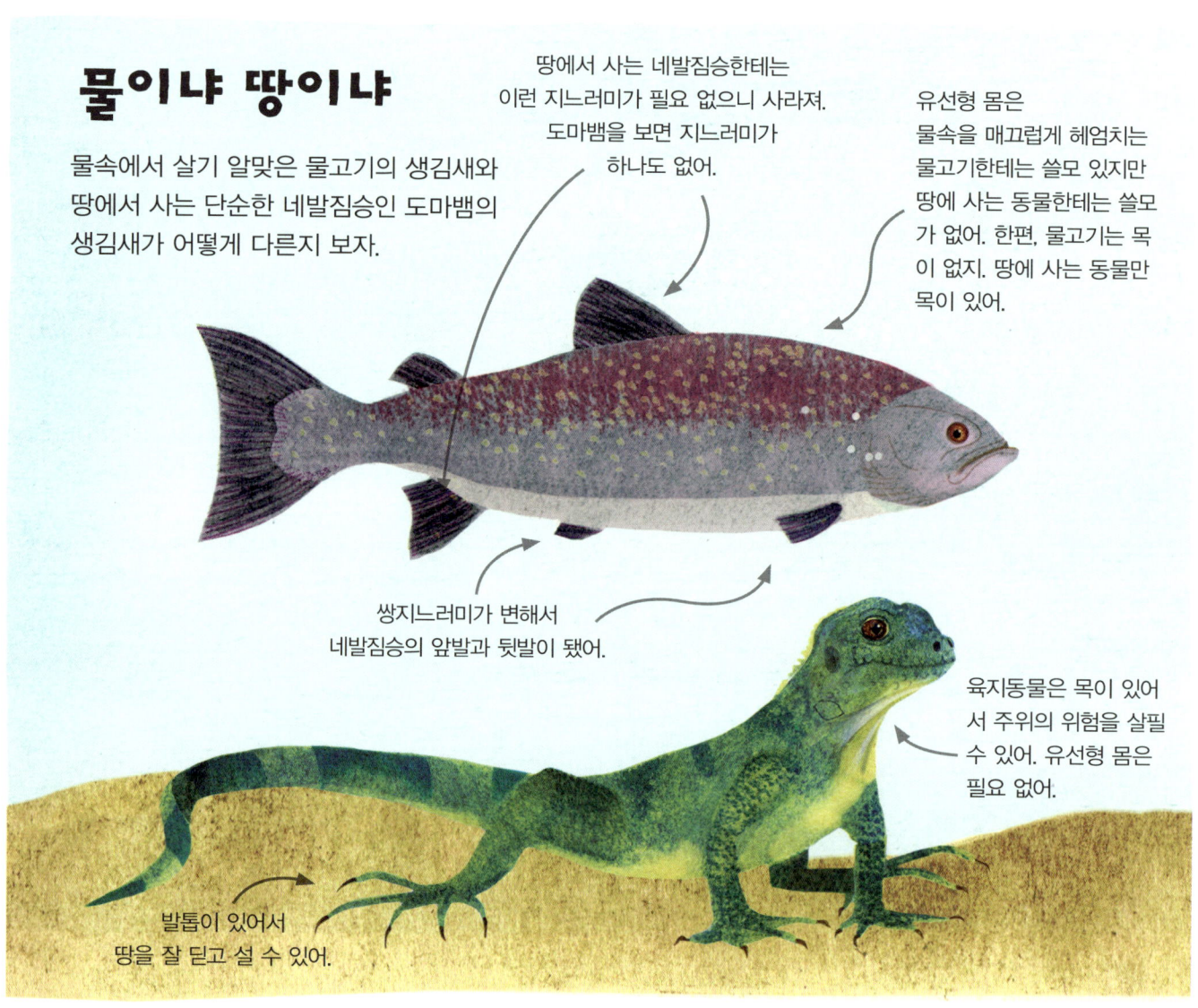

땅에서 사는 네발짐승한테는 이런 지느러미가 필요 없으니 사라져. 도마뱀을 보면 지느러미가 하나도 없어.

유선형 몸은 물속을 매끄럽게 헤엄치는 물고기한테는 쓸모 있지만 땅에 사는 동물한테는 쓸모가 없어. 한편, 물고기는 목이 없지. 땅에 사는 동물만 목이 있어.

쌍지느러미가 변해서 네발짐승의 앞발과 뒷발이 됐어.

육지동물은 목이 있어서 주위의 위험을 살필 수 있어. 유선형 몸은 필요 없어.

발톱이 있어서 땅을 잘 딛고 설 수 있어.

네발짐승이란?

'네발짐승'은 땅에 사는 척추동물한테 붙은 이름이야. 말 그대로 풀이하면 '발이 네 개'라는 뜻이지. 그런데 새처럼 발이 두 개밖에 없거나 뱀처럼 발이 없는 동물도 네발짐승이래. 새도 뱀도 발이 네 개인 조상한테서 진화했기 때문에 네발짐승에 속하는 거지.

한 번에 한 걸음

다리도 지느러미와 너무 다르고, 육지 동물과 물고기가 전혀 안 비슷해 보일 수도 있어. 하지만 이런 변화가 한 번에 일어나지 않았다는 사실을 되새겨 봐. 물고기와 네발짐승 사이 어디쯤에 들어갈 법한 낯선 선사 시대 생물들을 살펴보면서, 퍼즐을 맞춰 보는 거야!

에우스테놉테론

표기: Eusthenopteron
연대: 3억 8천5백만 년 전 (데본기)
길이: 1.8미터

에우스테놉테론은 물고기와 몹시 닮았지만, 몇 가지 중요한 차이가 있었어요.

쌍지느러미를 떠받치는 뼈를 보면 지느러미 근육이 발달한 걸 알 수 있지.

에우스테놉테론의 몸통은 전형적인 물고기 모양이었어.

뼛속에는 골수가 차 있었어. 네발짐승은 골수가 있지만 물고기는 보통 골수가 없지.

머리 위에 숨구멍이 있고 흉곽이 튼튼했던 걸 보면 틱타알릭은 폐가 있었던 듯해.

머리 뒤에 작은 아가미가 있고, 목도 발달했어.

틱타알릭

표기: Tiktaalik
연대: 3억 7천5백만 년 전 (데본기)
길이: 2.5미터

틱타알릭을 발견한 연구자들은 이 동물이 물고기도 네발짐승도 아닌 '네 발 물고기'라고 생각하지요.

몸통 아래 근육질 지느러미 두 쌍이 있어서 기어다니기에 좋았어.

폐가 있었지만, 여전히 주 호흡 기관은 아가미였어.

오늘날 도롱뇽목에 속하는 영원류처럼 꼬리에 물고기 같은 지느러미가 있는 걸 보면, 익티오스테가는 주로 물속에서 지냈던 듯해.

익티오스테가

표기: Ichthyostega
연대: 3억 6천만 년 전 (데본기)
길이: 1.5미터

익티오스테가는 육지 동물에 한결 가까운 모습이지만, 과학자들은 이 종도 아직은 물속에서 살았을 거라고 생각해요.

제대로 된 다리에, 발가락도 있었어. 뒷발은 발가락이 무려 일곱 개였지!

앞다리 관절을 보면 땅에서 근근이 기어다니긴 했을 거야.

왜 변했을까?

이상하게도 이런 변화는 동물이 육지에서 살아가는 데 별 도움이 안 됐어. 오히려 육지의 물에서 살아가는 데 도움이 됐지. 육지의 물은 바다보다 얕고, 주변에 물풀이 무성하단다.

새로운 터전

깊이가 얕고 물풀이 많은 물에 적응해서 살던 동물들이 뭍으로 기어 올라온 까닭은 무엇일까? 무엇이 땅에 사는 네발짐승의 진화를 부채질했을지 생각해 보자.

짐작할 수 있는 이유는 많아. 때로는 얕은 물이 말라붙어서 동물들이 육지로 물을 찾아 나서야 했을 거야. 거대한 바다전갈처럼 위험한 이웃이 늘면서 다른 서식지를 찾아야 했을 수도 있지. 아니면 육지에서 온갖 식물과 벌레가 진화하면서 좀 더 큰 동물들도 먹이를 찾아 뭍으로 올라왔을 수도 있어.

이유가 뭐든, 일부 동물이 육지의 얕은 물에 살기 좋게 적응한 것부터가 육지 생물로 나아가는 한 걸음이었어. 과학자들은 이런 과정을 '전적응'이라고 불러. 두고 보면 알겠지만 마른 땅에서 살려면 폐와 다리 말고도 필요한 게 많아.

중력을 이겨라

일단 중력이 문제였어. 물속에서는 몸이 쉽게 뜨지만, 땅에서는 몸을 확실히 일으켜 세우려면 튼튼한 사지가 필요해. 골격 전체를 지탱하려면 튼튼한 등뼈도 필요하지. 이런 특징은 카시네리아한테서 처음 나타나.

카시네리아
표기: Casineria
연대: 3억 3천5백만 년 전 (석탄기)
길이: 15센티미터

앞을 보고 걷자

땅에서 쉽게 걸으려면 발이 앞을 향해야 해. 그래야 발가락으로 땅을 단단히 짚을 수 있지. 페데르페스는 이런 네발짐승 가운데 가장 오래된 종이야. 이 무렵, 발가락 개수는 다섯 개가 기본이었어. 익티오스테가처럼 더 앞선 시기에 살았던 동물들은 발가락이 일고여덟 개씩 있었대.

페데르페스
표기: Pederpes
연대: 3억 5천만 년 전 (석탄기)
길이: 1미터

나무와 풀을 먹자

육지 식물이 번성하니, 동물이 식물을 먹는 방향으로 진화한 것도 어찌 보면 당연한 일이었어. 디아덱테스는 최초의 초식 동물 가운데 하나야. 튼실한 돼지 같은 몸통을 보면 새로운 식생활에 알맞게 복잡한 소화기를 갖추었다는 걸 알 수 있지.

디아덱테스
표기: Diadectes
연대: 2억 9천만 년 전 (석탄기)
길이: 3미터

웨스틀로티아나
표기: Westlothiana
연대: 3억 3천만 년 전 (석탄기)
길이: 30센티미터

알껍데기가 생겼어

육지 생활에 아무리 잘 적응해도, 양서류처럼 물을 근거지로 삼는 척추동물이 알을 낳으려면 물웅덩이로 돌아가야 했어. 하지만 알이 딱딱한 방수 껍데기에 둘러싸인 형태로 진화하자 다음 단계로 나아갈 수 있었지. 이제 알 속에 웅덩이를 넣어 다닐 수 있으니 메마른 땅에 알을 낳아도 문제없었어. 도마뱀처럼 생긴 웨스틀로티아나는 맨 처음 이런 알을 낳은 동물 가운데 하나야.

때와 장소에 맞게

석탄기의 숲은 무성하고 습해서 물속에서 주로 사는 동물들에게 딱 알맞았어.
하지만 석탄기 말에 광범위한 기후 변화로 숲이 크게 파괴되고 빙하 시대가 시작되었지.
메마르고 추운 세상에서 번성한 건 이미 메마른 육지 생활에 적응한 동물들이었어.

도마뱀이 물로 돌아갔어

트라이아스기가 시작될 무렵 이미 새로운 동물 종이 진화했어. 상어일까? 돌고래일까? 둘 다 아니야. 두 현생 종처럼 유선형인 데다 등에 지느러미가 있고 꼬리가 아주 강력했지만, 물고기도, 포유류도 아니었어. 파충류의 일종인 어룡이었지.

물고기 도마뱀

네발짐승이 육지로 나오고 얼마 안 되어, 일부는 조상들이 살았던 바다로 돌아가려 했어. 그중에서도 가장 성공한 종류가 어룡이야. 어룡을 일컬어 익티오사우리아라고도 하는데, 익티오사우루스가 가장 대표적인 어룡이기 때문이지. 익티오사우루스는 우리말로 풀이하면 '물고기 도마뱀'이라는 뜻이야.

길쭉한 입에 이빨이 뾰족뾰족 돋았어.

뾰족한 코

사지는 뼈와 연골로 이루어진 탄탄한 지느러미발 형태였지.

카르토링쿠스

표기: Cartorhynchus
연대: 2억 5천만 년 전 (트라이아스기 초기)
길이: 40센티미터

카르토링쿠스는 원시 '물고기 도마뱀'에 속하는 작은 동물이었어요. 몸이 유선형이라 물살을 가르며 다니기 좋았고, 사지도 헤엄치기에 딱 알맞았지요. 이런 특징은 바다에서 살아남는 데 꼭 필요했어요. 때로는 바다표범처럼 바닷가를 기어 다니기도 했을 거예요. 육지 파충류에서 어룡으로 나아가는 징검다리였는지도 모르지요.

카오후사우루스

표기: Chaohusaurus
연대: 2억 4천8백만 년 전 (트라이아스기 초기)
길이: 2미터

오래지 않아 전형적인 어룡 형태가 등장했는데, 카오후사우루스도 초기 사례에 속했어요. 유선형 몸에 뾰족한 코, 지느러미형 다리와 지느러미가 있는 꼬리 등 물속을 돌아다니기에 최적의 조건을 갖추었지요. 다시 말하면 육지 생활에 필요한 능력을 모두 잃었다는 뜻이에요. 카오후사우루스는 해안에서 알을 낳지 않고, 물속에서 새끼를 낳았답니다.

사지가 특별해

어룡은 손 대신 지느러미발이 있었어. 사람 손에는 손가락뼈가 14개지만, 어룡 지느러미발에는 손가락뼈가 더 많았을지도 몰라. 손가락뼈가 서로 맞붙어서 지느러미발을 단단하게 지탱해 주었지.

쇼니사우루스

표기: Shonisaurus
연대: 2억 1천5백만 년 전 (트라이아스기 후기)
길이: 15미터

트라이아스기 말에 정말 거대한 고래 같은 어룡도 나타났어요. 쇼니사우루스도 그중 하나였지요. 이 종은 이빨이 없어서, 오늘날 향유고래처럼 오징어같은 부드러운 먹이를 먹었을 거예요. 하지만 거대 어룡은 쥐라기가 시작되기 전에 멸종했어요.

익티오사우루스

표기: Ichthyosaurus
연대: 1억 8천5백만 년 전 (쥐라기)
길이: 3.3미터

익티오사우루스는 가장 널리 알려진 어룡이에요. 가장 먼저 발견된 어룡이기도 하고요. 어룡의 대명사라고 할 수 있지요.

길쭉한 입에 뽀족뽀족 돋은 이빨
등지느러미
꼬리지느러미
지느러미발
돌고래 같은 몸통

옵탈모사우루스

표기: Ophthalmosaurus
연대: 1억 4천5백만 년 전 (쥐라기)
길이: 6미터

옵탈모사우루스는 몹시 다부지게 생긴 어룡이었어요. 눈이 유달리 큰 걸 보면, 어두운 심해에서 먹잇감을 사냥했던 것 같아요.

절반의 성공

어룡은 다양한 형태로 적응했지만 중생대 끝까지 살아남지는 못했어. 백악기 초에 모사사우루스과에 속하는 바다 도마뱀 무리한테 자리를 내주었지. 모사사우루스과도 바다 생활에 알맞은 특징을 잘 갖춰서, 바다의 새 지배자로 떠올랐어.

살아남은 바다 파충류

공룡 시대에 바다 파충류는 어룡 말고도 있었어. 수장룡도 큰 세력을 이루었지.
수장룡도 어룡이 출현하던 무렵에 처음 나타났는데, 어룡과 달리 백악기 말까지 살아남았어.
수장룡을 일컬어 '장경룡' 또는 '플레시오사우리아'라고도 해.

클라우디오사우루스

표기: Claudiosaurus
연대: 2억 5천만 년 전 (페름기 후기)
길이: 60센티미터

페름기까지 거슬러 올라가면 수장룡의 조상과 관련이 있을지 모를 작은 바다 파충류가 있었어요. 클라우디오사우루스는 반은 뭍에서, 반은 물에서 살았지요. 오늘날 바다이구아나처럼 기다란 목과 몸통과 꼬리를 좌우로 부드럽게 흔들며 헤엄쳤어요.

육지보다 물속 생활에 적합한 가벼운 골격

헤엄치기에 알맞은 물갈퀴발

긴 목이냐 큰 머리냐

수장룡은 안정기에 접어들면서 두 갈래로 나뉘었어. 두 갈래는 서로 다른 방향으로 진화했지. 한 갈래는 엘라스모사우루스과로, 목이 아주 길고 머리는 작았단다. 다른 갈래는 플리오사우루스과로, 목이 짧고 머리가 아주 컸지.

피스토사우루스

표기: Pistosaurus
연대: 2억 3천만 년 전 (트라이아스기 중기)
길이: 3미터

과학자들은 피스토사우루스가 수장룡의 조상이라고 굳게 믿어요. 이 종은 클라우디오사우루스보다 등뼈가 더 단단해서 온몸을 좌우로 흔드는 대신 사지를 써서 헤엄쳐야 했어요. 단, 발은 지느러미발이고 다리는 없었어요.

로말레오사우루스

표기: Rhomaleosaurus
연대: 1억 8천5백만 년 전 (쥐라기 초기)
길이: 7미터

로말레오사우루스는 학술적으로 플리오사우루스과에 속하지만 생김새를 보면 플리오사우루스과와 엘라우스모사우루스과 중간쯤에 속하는 것 같아요. 목도 꽤 긴데 머리도 큰 편이었지요.

엘라스모사우루스

표기: Elasmosaurus
연대: 8천만 년 전 (백악기 후기)
길이: 10미터

엘라스모사우루스과 중에서도 가장 굉장했던 건 엘라스모사우루스였어요. 이 종은 오늘날 펭귄처럼 '나는 듯이' 지느러미발을 움직이며 백악기의 바다를 헤엄쳐 다녔어요. 넓은 대양도 얕은 바다도 거침없이 누비며 길디긴 목을 휙 움직여 물고기를 사냥했지요. 엘라스모사우루스는 목이 정말 길어서 목뼈가 72개나 됐답니다!

리오플레우로돈

표기: Liopleurodon
연대: 1억 4천5백만 년 전 (쥐라기 후기)
길이: 6미터

리오플레우로돈은 전형적인 플리오사우루스과예요. 날카로운 이빨이 훤히 드러나는 거대한 머리에서 아주 짧은 목을 지나 몸통으로 이어지는 생김새가 오늘날 향유고래와 약간 닮았지요. 튼실한 지느러미발은 다른 덩치 큰 바다 파충류를 잡아먹으려고 순식간에 덮칠 때 아주 쓸모 있었어요.

괴물들이 사는 바다

선사 시대 바닷속 풍경을 상상해 봐. 온갖 파충류가 이빨을 번뜩이며 깊고 어두컴컴한 바다를 헤엄쳐 다니는 거야. 작은 파충류도 있지만 거대한 파충류도 있지. 하지만 이 무시무시한 포식자들은 인류가 출현하기 한참 전에 멸종했으니, 우리 입장에서는 참 다행이야. 그런데 그거 알아? 어떤 고대 파충류는 뱃사람이나 예술가들이 긴긴 세월 상상으로 그려 낸 바다 괴물과 몹시 닮았어!

파충류한테 날개가 생겼어

공룡 시대를 그린 그림을 보면 하늘에는 꼭 날개 달린 동물이 있어.
이 동물도 공룡과 같은 시대를 살았어. 단, 날개가 있어도 새는 아니야. 날아다니는 파충류,
바로 익룡이지. 익룡은 다른 말로 프테로사우리아라고도 해.

지금까지 다양한 익룡 화석이 많이 발견됐어. 덕분에 우리는 익룡이 출현해서 어떻게 진화했는지 알지.
하지만 하나는 모른다고 인정해야 할 것 같아. 익룡이 무엇에서 진화했느냐는 아직도 커다란 수수께끼야.

계보를 알아보자

익룡이 공룡과 먼 친척이라는 건 알지만, 과연 얼마나 먼 친척일까?
직접적인 조상은 누구일까? 가능성은 두 가지야.

첫째, 공룡형류 중에 익룡의 조상이 있을 수 있어. 공룡형류는 공룡한테 가장 가까운 조상이지. 그중에서도 트라이아스기 후기에 살았던 스클레로모클루스가 알맞은 예야. 스클레로모클루스는 길이가 20센티미터쯤 됐는데, 최근 연구에 따르면 캥거루처럼 폴짝폴짝 뛰었다고 해. 혹시 이런 초기 단계를 거쳐서 하늘을 나는 익룡이 나타난 걸까?

스클레로모클루스는 캥거루 같은 다리 덕분에 폴짝 뛰어올라서 날벌레를 잡았을지도 몰라.

또는 진화의 계보를 더 거슬러 올라가서 지배파충형류 중에 익룡의 조상이 있을지도 몰라. 지배파충형류는 공룡의 먼 조상일뿐더러 악어나 그밖에 공룡 시대를 살았던 온갖 맹수들의 조상이기도 해. 하지만 날아다니는 생물로 진화하는 건 영 상상이 안 되지!

트라이아스기 초에 살았던 프롤라케르타는 지배파충형류의 전형이야. 길이는 50센티미터 정도였지.

헷갈렸네!

한때 과학자들은 트라이아스기의 활공 파충류 샤로빕테릭스가 익룡의 조상일지도 모른다고 생각했지만, 지금은 안 그래. 샤로빕테릭스와 익룡의 유일한 공통점은 뒷다리 사이에 비막이 있다는 거지. 덕분에 샤로빕테릭스가 활공은 했지만, 날지는 못했어. 비막이 있다는 것 말고는 샤로빕테릭스도 당대의 많은 활공 파충류와 마찬가지로 익룡과 비슷한 점이 없었어.

뒷다리 사이의 '비막'

공중으로

조상이 누가 됐든, 익룡은 트라이아스기 후기에 갑자기 나타났어. 람포링코이드로 알려진 초기 유형은 하나같이 날개가 좁고 꼬리가 길고 목과 손목뼈가 짧았지.

람포링쿠스

표기: Rhamphorhynchus
연대: 1억 5천만 년 전 (쥐라기 후기)
날개폭: 1.8미터

람포링쿠스는 대표적인 람포링코이드 익룡이에요. 바늘처럼 뾰족뾰족한 이빨을 보면, 물고기를 잡아먹었던 듯해요.

쥐라기가 끝나 갈 무렵, 람포링코이드에서 프테로닥틸로이드가 갈라져 나왔어. 프테로닥틸로이드는 앞선 유형과 달리 날개가 넓고 꼬리가 짧고 목과 손목뼈가 길었지. 이들이 람포링코이드를 대체하며 하늘을 점령했고, 공룡 시대 끝까지 살아남았어.

프테로닥틸루스

표기: Pterodactylus
연대: 1억 5천만 년 전 (쥐라기 후기)
날개폭: 1미터

프테로닥틸루스는 전형적인 프테로닥틸로이드예요. 날아다니는 파충류 중에서는 처음으로 화석이 발견됐지요.

다위놉테루스

표기: Darwinopterus
연대: 1억 6천만 년 전 (쥐라기 중기)
날개폭: 1미터

다위놉테루스는 알도 화석으로 발견됐어요. 덕분에 익룡 알은 새나 공룡 알처럼 껍데기가 딱딱하지 않고 뱀이나 악어 알처럼 부드러운 가죽 같았다는 걸 알 수 있어요.

어떻게 알지?

람포링코이드가 프테로닥틸로이드로 진화했다고 과학자들이 판단하는 건 양쪽 특징을 다 간직한 익룡 화석을 발견했기 때문이야. 이런 유형을 '전이 형태'라고 해. 쥐라기 중기에 살았던 다위놉테루스는 몸통과 꼬리, 날개를 보면 람포링코이드 같지만, 긴 목과 머리를 보면 프테로닥틸로이드 같기도 해.

하늘의 지배자

오늘날 주위를 보면 온갖 새가 다 있지?
작고 뾰족한 부리로 벌레를 잡아먹는 작은 새도 있고, 딱딱한 껍질도 깰 만큼
튼튼한 부리로 나무 열매를 먹는 큰 새도 있어. 여과기 같은 부리로 먹이를
걸러 먹는 새도 있고, 긴 부리로 물고기를 잡아먹는 바닷새도 있지.

프테로닥틸로이드도 그랬어.
쥐라기 말에 기본 형태가 잡히고부터, 다양한 생태에 걸맞게
머리형도 다양하게 발달했지. 몇 가지 예를 살펴볼까?

프테로닥틸루스

프테로닥틸루스의 머리가 바로 기본 형태예요. 긴 주둥이 앞쪽에 날카로운 이빨이 있어서 도마뱀, 곤충, 물고기 같은 다양한 먹이를 잡아먹기에 안성맞춤이었어요.

트로페오그나투스

트로페오그나투스는 길쭉한 바늘 같은 이빨로 미끌미끌한 먹이를 잘 잡았고, 끝이 불룩한 주둥이로 물살을 쉽게 갈랐어요. 천생 물고기 사냥꾼이었죠.

타페야라

머리에 볏을 인 타페야라는 주둥이가 짧고 튼튼해서 열매와 온갖 식물을 먹기에 더할 나위 없이 알맞았어요.

프테로다우스트로

프테로다우스트로는 좁고 길쭉한 주둥이에 빳빳한 수염처럼 이빨이 빽빽이 돋았어요. 오늘날 플라밍고처럼 얕은 물에서 작은 동물을 걸러 먹었던 듯해요.

닉토사우루스

머리에 커다란 볏을 단 프테로닥틸로이드가 얼마나 많은지 눈치 챘나요? 그중에서도 가장 특이한 건 이빨이 없는 닉토사우루스일 거예요. 볏의 쓰임새가 무엇인지는 알 수 없어요. 한쪽 날개만큼 커다란 돛을 달고 다녔을 수도 있지만, 역시나 알 수 없지요. 정말 수수께끼예요!

프테로닥틸로이드는 어째서 잘 날았을까?

프테로닥틸로이드의 날개는 단순한 피부 조직이 아니었어. 속에 공기주머니가 있어서, 날개 단면이 비행기 날개처럼 공기 역학적 형태를 띠었지. 공기주머니는 이 온혈 동물이 필요로 하는 산소를 공급하며 호흡도 거들었어. 냉혈 파충류는? 날 수 있을 만큼 빨리 못 움직인단다!

땅 위의 괴물

프테로닥틸로이드는 하늘만 지배한 게 아니야. 퀘찰코아틀루스를 비롯해서 몸집이 큰 종은 어찌나 큰지, 키가 오늘날 기린만 했어. 이 거대 종들은 주로 땅에서 머물렀을 거야.
화석으로 남은 발자국을 보면 익룡이 왼쪽 그림처럼 섰다는 걸 알 수 있어. 발가락이 네 개면서 평평한 뒷발, 발가락이 두세 개인 앞발, 양 옆에는 날개를 가지런히 접었지. 어쩌면 괴수 같은 퀘찰코아틀루스가 땅에 내려앉아 작은 공룡들을 사냥했을지도 몰라.

퀘찰코아틀루스는 백악기인 7천만 년 전 내륙 지방에서 살았어.

퀘찰코아틀루스도 기린처럼 길고 뻣뻣한 목을 숙여 먹이를 먹었어.

양 날개를 쫙 펼치면 날개폭이 11미터쯤 됐어.

악어가 세상을 지배했어

냉혈 동물인 악어가 통나무인 척 진창에 웅크리고 있어.
오랫동안 꼼짝 않고 기운을 아끼는 거지. 그러다 아무것도 모르는 영양이
물가로 다가오면? 별안간 악어가 튀어나와 영양을 덮치고, 단숨에 물속으로 끌고 들어가.
그러고는 다시 느긋한 자세로 돌아가 느긋하게 먹이를 먹는 거지.

흔히들 악어는 공룡 시대 이후 지금까지 변한 게 없대. 그러니 악어가
예나 지금이나 물속에 사는 냉혈 동물이라고 생각하기 쉬워.
하지만 진실은 훨씬 흥미진진하단다.

악어과는 공룡보다 훨씬 전에 세상에 나타나서, 벌레를 잡아먹는
작은 포식자부터 거대한 사냥꾼까지 모든 자리를 꿰찼어. 강력하고 활동적인
온혈 동물로 5천만 년쯤 세상을 지배하다가 공룡한테 자리를 넘겨주었지.

헤스페로수쿠스

표기: Hesperosuchus
연대: 2억 2천만 년 전 (트라이아스기 후기)
길이: 1.5미터

몸집이 작고 날쌘 헤스페로수쿠스는 악어의 먼 조상이었어요. 민첩한 사냥꾼으로, 트라이아스기에 북쪽 대륙의 오아시스에서 작은 도마뱀이나 벌레를 먹고 살았을 거예요.

카르누펙스

표기: Carnufex
연대: 2억 3천만 년 전 (트라이아스기 후기)
길이: 3미터 / 키: 1.5미터

이빨이 날카로운 육식 사냥꾼 카르누펙스는 뒷다리로 설 수 있었어요. 그래서 공룡으로 오해받을 여지가 있었지요. 하지만 화석을 보면 엉덩이 관절이 공룡과 완전히 다를 뿐더러, 두개골 구조상 악어과에 속한다는 걸 알 수 있어요.

사우로수쿠스

표기: Saurosuchus
연대: 2억 3천만 년 전 (트라이아스기 후기)
길이: 7미터

사우로수쿠스는 당대에 가장 큰 육식 동물이었어요. 같은 시대를 살던 초기 공룡도, 사우로수쿠스를 피해 다녔을 거예요. 이 강력한 포식자는 트라이아스기의 사자처럼 양치류가 무성한 강가 숲을 돌아다니며 덩치 큰 초식 파충류를 사냥했어요.

스타고놀레피스

표기: Stagonolepis
연대: 2억 2천만 년 전 (트라이아스기 후기)
길이: 3미터

고대 악어과 동물이 다 육식성은 아니었어요. 스타고놀레피스 같은 일부 종은 초식성으로 진화했지요. 스타고놀레피스는 덩치가 크고 무거운 데다 머리와 코는 돼지와 닮았는데, 트라이아스기 후기 북부 대륙 사막 지대를 돌아다니며 듬성듬성 자란 초목을 뜯어먹었답니다.

데스마토수쿠스

표기: Desmatosuchus
연대: 2억 2천만 년 전 (트라이아스기 후기)
길이: 5미터

데스마토수쿠스는 스타고놀레피스의 친척이자 이웃으로, 무리 지어 살았어요. 등에는 스타고놀레피스처럼 방호갑이 있고, 옆구리와 어깨에는 뾰족한 가시가 돋았어요. 육식성 악어과 동물에 맞서 몸을 지키는 수단이었지요.

과거의 흔적

초기 악어과 동물 중에서 오늘날까지 살아남은 건 느릿느릿 물과 육지를 오가며 다른 동물을 잡아먹고 사는 반(半)수생 포식자 계열이었어. 하지만 오늘날 악어를 자세히 보면 복잡한 과거사를 짐작할 수 있는 몇 가지 단서가 눈에 띄지.

오늘날 악어 발목뼈를 보면, 한때 악어의 조상이 내내 땅을 걸어 다녔다는 사실을 알 수 있어. 또, 오늘날 악어는 냉혈 동물이지만, 심장은 온혈 동물의 심장이지. 이건 확실히 악어의 조상이 새나 포유류처럼 온혈 동물이었던 시절의 흔적이라고 할 수 있어. 그러니 악어는 눈에 보이는 게 다가 아니란 말씀!

어디서든 사는 악어

악어가 한창 잘나가는데,
공룡이 등장했어. 악어 시대는 이제 끝난 거야!

그렇다고 악어가 사라졌다는 뜻은 아니야. 악어과 동물은 공룡이
점령하지 않은 틈새 지역에 적응했어. 공룡 시대가 이어지는 동안, 온혈 악어 계통은
늪지로 들어가거나 땅속으로 파고들거나 바다를 헤엄쳐 다녔지.

게오사우루스

표기: Geosaurus
연대: 1억 4천5백만 년 전 (쥐라기 후기)
길이: 3미터

동시대를 살았던 어룡처럼(20~23쪽 참고) 게오사우루스도 바다 생활에 아주 잘 적응해서, 다리 대신 지느러미발이 있고 꼬리에는 물고기처럼 지느러미도 있었어요. 쥐라기 초에 온갖 물고기와 오징어 같은 바다 동물이 나타나자, 게오사우루스 같은 육식 동물도 진화해서 먹이를 사냥했지요. 그 무렵 많은 파충류가 바다에 살았지만, 공룡은 바다로 진출하지 않았답니다.

아나토수쿠스

표기: Anatosuchus
연대: 1억 1천5백만 년 전 (백악기 초기)
길이: 70센티미터

주둥이가 오리처럼 너부죽한 아나토수쿠스는 오늘날 다양한 오리 종처럼 얕은 연못이나 시내를 헤집고 다니며 진흙 속에 사는 작은 생물을 떠먹었어요. 발가락 사이가 벌어지고 다리가 길어서 질벅거리는 진흙탕을 잘 걸어 다녔을 거예요.

아르마딜로수쿠스

표기: Armadillosuchus
연대: 8천만 년 전 (백악기 후기)
길이: 2미터

남아메리카에서 땅을 파고 살았던 아르마딜로수쿠스는 오늘날 아르마딜로와 비슷하게 몸에 방호갑을 둘렀어요. 턱을 보면 포유류처럼 음식을 씹어 먹었다는 걸 알 수 있어요. 이빨이 튼튼해서 고기며 벌레며 식물 뿌리며 닥치는 대로 다 먹었을 거예요.

시모수쿠스

표기: Simosuchus
연대: 7천만 년 전 (백악기 후기)
길이: 75센티미터

시모수쿠스는 코는 들창코에 몸은 포동포동하고 다리는 길고 꼬리는 짧아서 별로 악어 같지 않았어요. 마다가스카르에 살았고, 머리와 몸의 생김새로 보아 초식 동물이었을 것 같아요.

사르코수쿠스

표기: Sarcosuchus
연대: 1억 년 전 (백악기)
길이: 12미터

사르코수쿠스는 정말 괴물 같은 짐승이었어요. 공룡을 잡아먹을 만큼 몸집도 컸지요. 하지만 몹시 크다는 점을 빼면, 아주 낯익을 거예요. 사르코수쿠스 화석을 보면 느릿느릿 움직이는 반(半) 수생 냉혈 동물이자 잠복 사냥에 능한 포식자라는 오늘날 악어의 생태와 모습이 공룡 시대에 확립되었다는 걸 알 수 있어요.

뱀도 다리가 있었어

뱀은 좀 별난 생물이야. 과학자들은 뱀을 네발짐승으로 분류하지.
네발짐승은 말 그대로 '발이 네 개'라는 뜻인데, 뱀은 발이 네 개는커녕 하나도 없어!

뱀 다리에 얽힌 얘기는 많아. 옛 그리스 사람들 말로는 바다를 다스리는
포세이돈 신이 너무 게을러서 도무지 다리를 안 쓰는 뱀을 벌하려고 호랑이한테
다리를 씹어 먹게 했대. 물론, 진실은 좀 더 복잡하지.

다리는 어떻게 됐을까?

뱀과 도마뱀이 가까운 친척이라는 건 유전자를 연구해 보면 알 수 있어. 뱀의 조상은 도마뱀과에 속했고, 발이 네 개였지. 그런데 오늘날 뱀한테는 다리 발육을 막는 유전자가 있어. 길쭉한 몸에 다리 하나 없지만, 그렇다고 뱀이 벌을 받았다고 보기는 어려워. 어떤 습성과 생태에는 이런 생김새가 이상적이니까. 특히 물속을 헤엄치거나 땅을 파고드는 동물한테는 안성맞춤이지.

다리의 흔적

오늘날 비단뱀을 보면 다리뼈와 엉덩이뼈가 약간 남아 있어. 갈비뼈 아래쪽 끝에 있지. 이는 비단뱀의 조상에게 다리가 있었다는 증거야.

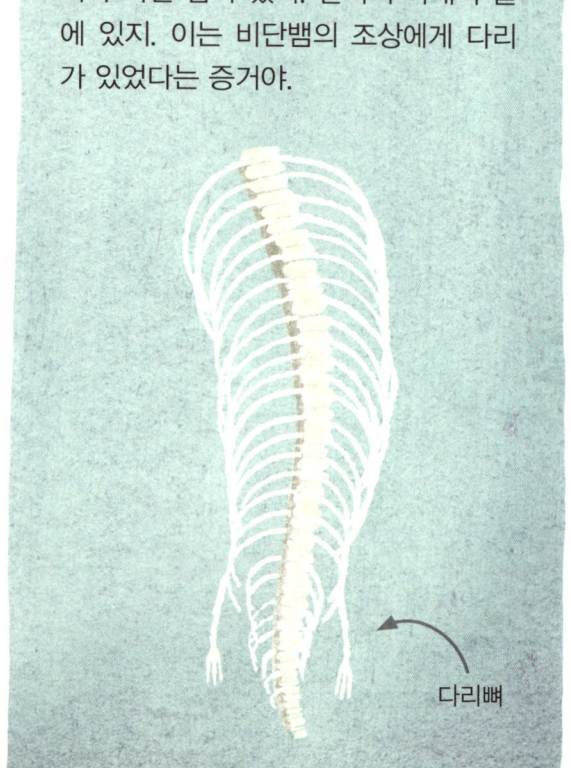

다리뼈

테트라포도피스

표기: Tetrapodophis
연대: 1억 5천만 년 전 (백악기 초기)
길이: 15센티미터

브라질에 서식했던 테트라포도피스는 뱀이었던 듯한데, 작은 다리가 두 쌍 있었어요. 일부 과학자들은 테트라포도피스가 뱀은 아니고 뱀의 친척뻘일 수도 있다고 생각해요.

적응의 귀재

뱀을 보면 다리가 없다는 것 말고도 독특한 점이 많아. 뱀 눈은 항상 투명한 눈꺼풀에 덮여 있어서 땅을 파고들 때 눈에 흙먼지가 안 들어와.* 폐는 길쭉하고 가는 몸통에 알맞게 하나만 남아서 제 기능을 하지. 뼈대를 보면 여느 네발짐승보다 척추뼈와 갈비뼈가 많아서 꿈틀꿈틀 민첩하게 몸을 움직일 수 있어. 또, 발톱이 없어서 먹이를 죽이는 방식도 독특하게 진화했는데, 독으로 죽이거나 옥죄어 죽인단다.

* 뱀 눈에 관한 설명은 널리 알려진 과학적 사실과 다릅니다. 알려진 바에 따르면 뱀은 눈꺼풀이 없는 대신, 눈에 투명한 비늘이 있어서 이물질이 눈에 들어오는 걸 막아 준대요. (옮긴이 주)

파키라키스

표기: Pachyrhachis
연대: 9천5백만 년 전 (백악기 후기)
길이: 1미터

이스라엘의 파키라키스는 물속을 헤엄치며 사는 뱀이었어요. 그래도 아직 뒷다리가 한 쌍 있었지요. 튼튼한 뼈와 갈비뼈를 보면 오늘날 바다뱀처럼 대양을 누비며 먹이를 사냥했던 듯해요.

티타노보아

표기: Titanoboa
연대: 6천만 년 전 (팔레오세)
길이: 13미터

콜롬비아의 티타노보아도 백악기 시대부터 오늘날까지 이어지는 다리 없는 동물 계통에 속해요. 티타노보아가 살았던 시대에 공룡은 이미 멸종했지만 대형 포유류는 아직 출현하지 않았지요. 그래서 이 거대한 짐승이 무엇을 먹고 살았는지 확실히 알 순 없어요. 고온 다습한 열대 지방에서 덩치 큰 악어과 동물을 사냥했는지도 모르지요.

나하시

표기: Najash
연대: 9천5백만 년 전 (백악기 후기)
길이: 2미터

아르헨티나의 나하시도 뒷다리가 있었어요. 다만, 너무 작아서 쓰임새는 짐작하기 어려워요. 나하시는 땅굴을 파고 사는 뱀이었던 듯해요.

새도 이빨이 있었어

새는 깃털 옷을 입고 짹짹 우는 작은 생물이고, 아름다운 선율로 노래하는 가수고, 비행의 대가지. 그러니 새의 먼 조상이 사나운 육식 공룡이라는 사실은 선뜻 받아들이기 힘들 거야. 그런데 정말이야. 공룡 시대를 살았던 새들의 화석을 보면, 팔이 날개가 되고 입이 부리가 되는 변천사를 확인할 수 있단다.

중간 단계

새가 공룡의 후예라는 사실은 150년도 더 전에 밝혀졌어. 독일 채석공들이 시조새 화석을 발견했는데 시조새는 반은 공룡, 반은 새 같은 동물이었지. 전형적인 소형 육식 공룡과 오늘날 새를 살펴보고, 양쪽 특징을 시조새와 비교해 보자!

입과 이빨

앞발과 발톱

긴 꼬리에는 뼈가 있었어.

시노사우롭테릭스

표기: Sinosauropteryx
연대: 1억 3천만 년 전 (백악기 초기)
길이: 1.1미터

시노사우롭테릭스는 발 빠른 동물이었어요. 화석으로 남은 위장의 잔해를 보면 작은 도마뱀과 포유류를 먹고 살았다는 걸 알 수 있지요. 깃털 공룡 가운데 맨 처음 발견되었는데, 그 뒤로 다른 깃털 공룡도 많이 발견되었답니다.

가벼운 부리에 이빨은 없어.

앞발 대신 날개가 있지.

꼬리에는 뼈가 없고 깃털만 있어.

앵무새

연대: 2천만 년 전~현재
크기: 종별로 다르다

앞선 시대의 공룡과 달리 오늘날 새는 앵무새처럼 날 수 있는 형태로 진화했어요. 대신, 조상들한테 있던 발톱 달린 앞발과 이빨, 꼬리뼈가 사라졌지요.

입과 이빨

날개에 발톱이 달렸어.

깃털로 덮인 긴 꼬리에 뼈도 있지.

시조새 (아르카이옵테릭스)

표기: Archaeopteryx
연대: 1억 5천만 년 전 (쥐라기 후기)
크기: 길이 50센티미터

시조새 화석은 대단히 중요하고 흥미로워요. 이런저런 복합적인 특징을 간직한 이 화석 덕분에 공룡이 새로 진화했다는 사실이 처음으로 밝혀졌지요. 시조새를 아르카이옵테릭스라고도 하는데, 이를 풀이하면 '고대의 날개'라는 뜻이에요.

공룡이야, 새야?

모든 게 한 번에 변하지는 않았어. 이빨이 없어지고 깃털이 길게 자라고 이런저런 자잘한 변화가 쌓이면서 나무 틈에서 먹이를 찾아 돌아다니기가 수월해졌지. 그렇게 변하고 변한 끝에, 날 수 있을 만큼 가벼운 동물이 탄생했어. 마침내 우리가 아는 새가 나타난 거야.

그러면 흔히들 생각하듯 공룡은 6천5백만 년 전에 멸종했을까? 사실 우리가 공룡이라고 부르는 동물과 새라고 부르는 동물은 경계가 몹시 모호해서, 새를 계속 공룡으로 분류해야 한다고 생각하는 고생물학자도 많아!

…결국, 공룡은 새가 되어 훨훨 날아갔어… 그런데 왜?

조금씩 조금씩, 새가 될 거야

새가 모든 특징을 한 번에 다 갖춘 건 아니야. 새의 특징이라고 해서 꼭 하늘을 나는 데 도움이 되는 것도 아니었지. 깃털이 돋았다거나 가벼운 부리가 있다거나 묵직한 꼬리가 사라지고 없다거나 하는 개개의 특징은 다양한 공룡한테서 수없이 나타나고 발전했어. 결국 이 모든 변화가 쌓인 끝에, 오늘날 우리가 아는 날짐승이 탄생한 거지.

온혈 동물입니다만?

공룡 시대가 저물어 가던 백악기에, 일부 소형 육식 공룡한테서 이런저런 새의 특징이 나타났어. 몸에는 일찌감치 깃털이 돋았지. 그런 걸 보면, 이 공룡들은 활동적인 생활에 익숙한 온혈 동물이었어.

에피덱십테릭스

표기: Epidexipteryx
연대: 1억 6천4백만 년 전 (쥐라기 후기)
길이: 25센티미터

몸집이 비둘기만 한 에피덱십테릭스는 뭉툭한 꼬리에 긴 꽁지깃이 있었어요.

카우딥테릭스

표기: Caudipteryx
연대: 1억 2천5백만 년 전 (백악기 초기)
길이: 1미터

날지 못하는 카우딥테릭스는 칠면조랑 좀 닮았는데 다리가 길었어요. 팔과 꼬리에 긴 장식용 깃털이 돋았고, 짧은 주둥이에 이빨이 있었지요.

콘푸치우소르니스 (공자새)

표기: Confuciusornis
연대: 1억 6천만 년 전 (쥐라기 후기)
길이: 25센티미터

콘푸치우소르니스는 몸집이 까마귀만 하고 꽁지깃이 길었어요. 날개와 부리도 제대로 갖추었고 날 수도 있었지요. 하지만 날개에는 여전히 발톱이 있었어요.

야노르니스

표기: Yanornis
연대: 1억 2천5백만 년 전 (백악기 초기)
길이: 30센티미터

야노르니스는 몸집이 닭만 하고 생김새도 오늘날 새와 아주 닮았지만 아직 작은 이빨이 있었어요.

깃털이 있다고 날까

이 공룡들은 모두 깃털이 있었지만, 애초에 하늘을 나는 것과는 별 상관이 없었어. 짧은 깃털이 온몸을 덮으면 따뜻해서 좋았고, 날개와 꼬리에 깃털이 길게 자라면 짝짓기 상대나 적에게 과시하기 좋았지. 이 공룡들 가운데 일부만 몸이 가벼워서 날 수 있었어. 날건 못 날건, 깃털 공룡은 다양한 종류만큼 사는 곳도 다양했어. 일부는 나무에서, 일부는 땅에서 살았지.

재앙이 닥쳤어

백악기 말에 소행성이 지구에 부딪쳤어. 충격파와 화재, 해일이 몰아치면서 순식간에 재앙이 닥쳤지. 이후 장기간에 걸친 기후 변화로 세상 곳곳이 불모지로 변했어. 이 사태로 지구상에서 수많은 생명이 사라졌어. 공룡도 전멸하고, 갓 출현한 새들도 대부분 사라졌지. 그렇다면 어떤 새들이, 왜, 운 좋게 살아남았을까?

새들이 다시 번성했어!

소행성 충돌 이후 지구는 정말 엉망진창이었어!
숲은 다 타 버렸지. 나무에 사는 동물은 새를 비롯해서 전부 사라졌어.

하지만 모든 생명이 파괴되진 않았어. 살아남은 건 주로 먹이나
생태에 영향을 덜 받는 작은 동물이었지. 작은 동물들은 어마어마한 혼란이
이어지는 동안 피난처를 찾아 숨었고, 근근이 먹이를 구해 먹으며 버텼어.

살아남은 새들도 나무 말고 땅에 사는 작고 무난한 종들이었던 것 같아.

살아남은 뚜벅이들

소행성 충돌 이후 고제3기에 맨 먼저
나타났다는 초기 종 가운데 하나가 포로야.
다리가 길었던 걸 보면, 나무 말고 땅에 살았던 것 같아.

소행성 충돌의 여파로 지구상의 나무는 싹 사라졌어.
숲이 회복되기 시작한 건 140만 년쯤 지나서였지.
숲이 되살아나자 포로처럼 땅에 사는 새들이
종도 습성도 다양하게 진화했어. 물론,
나무에서 사는 새로도 또 한 번 진화했지.

포로

표기: Foro
연대: 4천8백만 년 전 (에오세)
길이: 60센티미터

코펩테릭스

표기: Copepteryx
연대: 2천8백만 년 전 (올리고세)
길이: 2미터

코펩테릭스 같은 경우에는 날개가
지느러미발이 되었어요. 이 새는
오늘날 펭귄처럼 날기보다는 헤엄
치며 사는 삶을 택했지요.

네오카타르테스

표기: Neocathartes
연대: 3천7백만 년 전 (에오세)
날개폭: 1미터

네오카타르테스는 죽은 고기를 먹는 독수리의 습성을 훨씬 먼저 드러낸 원조였어요. 생김새도 독수리랑 닮았는데 다리가 좀 길었지요.

펭가나

표기: Pengana
연대: 2천3백만 년 전 (마이오세)
날개폭: 1.8미터

펭가나는 오늘날 매와 아주 비슷한 맹금류였어요.

생명의 다양성

새들은 수백, 수천만 년에 걸쳐 다양한 형태로 진화했어. 오늘날 주위에서 볼 수 있는 온갖 새들을 떠올려 봐. 곡식을 먹는 새, 벌레를 사냥하는 새, 위풍당당한 독수리, 자그마한 벌새, 눈부신 공작새, 심지어 날지 못하는 거대한 타조와 에뮤까지 정말 다양하고 근사하지. 이 모든 새들의 먼 조상은 위대한 육식 공룡이었어.

콰시신닥틸루스

표기: Quasisyndactylus
연대: 4천8백만 년 전 (에오세)
길이: 18센티미터

콰시신닥틸루스는 오늘날 물총새처럼 물고기를 먹고 사는 작은 새였어요.

프레스비오르니스

표기: Presbyornis
연대: 5천만 년 전 (에오세)
키: 45센티미터

프레스비오르니스는 얕은 물가에서 긴 목과 긴 부리로 먹이를 찾아 먹는 섭금류였어요. 오늘날 오리와 좀 비슷한데 플라밍고와 더 닮았지요.

고래가 걸었어

고래! 지구상에서 가장 큰 동물이지. 심장 무게만 무려 1톤이야. 동맥도 정말 굵지. 사람이 들어가서 수영을 해도 될 거야. 혀는 코끼리만큼 무거워. 게다가 고래는 매일 작은 바다 생물을 4천만 마리나 집어삼킨대! 하지만 이렇게 큰 고래가 나타난 지는 겨우 2백만 년 정도밖에 안 됐어. 5천만 년 전 고래의 조상은 생김새가 정말 딴판이었는데…….

고래 같지 않은 고래

5천만 년 전 에오세로 돌아가 보자. 지금은 파키스탄에 속하는 열대 지방에서 양치식물이 무성한 강기슭을 따라 날쌔게 움직이는 고양이만 한 작은 동물을 떠올려 봐. 이 동물은 인도히우스야. 고래로 진화한 동물군에 속하지. 당시 이 일대는 전부 늪지나 삼각주 또는 석호였는데, 이후 몇 백만 년 동안 고래의 조상은 대부분 여기서 살았어. 가장 앞선 조상 넷을 만나 볼까? 보면 알겠지만, 생김새가 영 고래 같진 않아.

귀뼈 모양을 보면, 고래와 같은 계통인 걸 알 수 있어.

이빨을 보면 초식 동물이었다는 걸 알 수 있지.

인도히우스

표기: Indohyus
연대: 4천8백만 년 전 (에오세)
길이: 80센티미터

다리뼈가 늘씬한데 제법 무거운 걸 보면, 인도히우스는 물속에도 웬만큼 들어간 듯해요. 과학자들은 오늘날 아프리카 강기슭에서 먹이를 찾다가 맹금류를 피해 물속으로 뛰어드는 아기 사슴처럼 인도히우스도 포식자들을 피해 물속에 숨었을 거라고 추정하지요.

파키케투스

표기: Pakicetus
연대: 5천만 년 전 (에오세)
길이: 2미터

파키케투스도 물과 땅을 오가며 사는 양서동물이었어요. 뼈 화석의 화학 성분을 보면 민물 속에서 살지만 육지의 동식물을 먹었다는 걸 알 수 있지요.

악어처럼 눈이 머리 위에 있어서 몸이 물에 잠겨도 물 밖을 볼 수 있었어.

이빨을 보면 육식 동물이었다는 걸 알 수 있어.

턱을 보면, 물속에서 헤엄치는 짐승이나 물고기를 사냥해서 먹었던 듯해.

뒷다리가 튼튼하고 꼬리가 근육질이었던 걸 보면, 오늘날 수달처럼 헤엄쳤을 거야.

암불로케투스

표기: Ambulocetus
연대: 4천 9백만 년 전 (에오세)
길이: 3미터

암불로케투스는 악어처럼 주로 물속에서 살았어요. 뼈의 화학 성분을 보면, 민물에서도 살고 바다에서도 살았다는 걸 알 수 있지요. 조상들처럼 몸에 털가죽을 둘렀을 수도 있고 후대의 수생 포유류처럼 맨가죽만 있었을 수도 있는데, 어느 쪽인지 확실히 알 수 있는 증거는 없어요.

넓적한 발에는 물갈퀴가 있었을지도 몰라.

레밍토노케투스

표기: Remingtonocetus
연대: 4천 5백만 년 전 (에오세)
길이: 3미터

악어처럼 생긴 레밍토노케투스가 출현할 무렵에는 고래의 조상들이 거의 바다에서만 살았어요. 레밍토노케투스도 그래요. 고래 같은 귀를 보면 땅에서 균형을 유지하는 데 중요한 기관이 사라지고 없지요. 그러니 분명 바다에서 주로 지냈을 거예요.

레밍토노케투스는 후각을 이용해서 물고기를 잡는 교활한 사냥꾼이었어.

암불로케투스처럼 몸에 털가죽이 있었는지 없었는지는 알 수 없지.

얕은 석호 퇴적층에서 화석이 발견됐어.

이 녀석도 고래 같아 보이진 않는데…

형태가 진화했어

머지않아 고래는 드넓은 바다로 완전히 떠났어. 땅에 머물 일이 없으니 걷는 능력을 잃어 버렸지. 무게를 지탱하던 다리는 사라져서 지느러미와 지느러미발이 됐어. 몸은 유선형으로 변해서 물속을 빠르게 움직일 수 있었지. 비로소 고래가 오늘날 우리가 아는 고래와 좀 비슷해졌어.

프로토케투스

표기: Protocetus
연대: 4천5백만 년 전 (에오세)
길이: 3미터

프로토케투스 화석은 이집트에서 발견됐어요. 과학자들은 뼈대를 보고 꼬리가 튼튼했다고 짐작하지요. 오늘날 고래처럼 꼬리 끝이 두 갈래로 갈라져서 헤엄치는 데도 유리했을 거예요. 콧구멍은 조상들처럼 코끝에 있지 않고 머리 위 한복판쯤에 있었답니다.

프로토케투스는 몸 전체가 유선형이었어.

다리 두 쌍은 짧은 지느러미발로 진화했지.

뒷발은 아주 작아서 헤엄칠 때 쓸모가 없었어.

아이깁토케투스는 후기 고래종과 달리 콧구멍이 여전히 앞쪽에 있었어.

아이깁토케투스

표기: Aegyptocetus
연대: 4천만 년 전 (에오세)
길이: 3미터

아이깁토케투스도 에오세에 이집트에서 살았지만, 프로토케투스보다 천만 년쯤 늦게 출현했어요. 상태가 좋은 화석을 보면, 거대 상어한테 공격당한 듯한 흔적이 있어요. 땅에서 얼마쯤 시간을 보냈다는 단서도 찾을 수 있지요.

사지 관절을 보면, 바다코끼리처럼 물 밖에도 이따금 올라왔던 것 같아.

콧구멍은 어디에?

초기 고래는 콧구멍이 코끝에 있었어. 오늘날 개, 사슴을 비롯한 수많은 육지 포유류와 똑같았지.

그러다 콧구멍이 뒤로 올라가면서 물에 뜬 채로 숨 쉬기가 쉬워졌어.

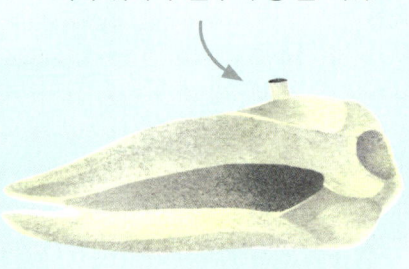

오늘날 고래를 보면 콧구멍이 머리 위에서 '분수 구멍'을 이뤄.

바실로사우루스

표기: Basilosaurus
연대: 3천5백만 년 전 (에오세)
길이: 18미터

바실로사우루스는 좀 특이했어요. 초기 고래치고 아주 거대했지요. 오늘날 우리가 아는 큰 고래류는 한참 뒤에야 진화했으니, 아무래도 좀 튀었어요. 그렇다고 이름 때문에 헷갈리진 말아요. 바실로사우루스는 공룡이 아니에요! 처음 발견한 사람이 공룡인 줄 알고 이름을 잘못 붙인 거예요. 세계 곳곳에서 화석이 발견되는 걸 보면, 이 고래는 드넓은 대양에서 살았던 듯해요.

바실로사우루스는 신화에 나오는 바다뱀처럼 몸이 길고 가늘었어.

앞발만 지느러미발이고, 오늘날 바다표범처럼 팔꿈치 관절이 있었지.

도루돈

표기: Dorudon
연대: 3천5백만 년 전 (에오세)
길이: 5미터

도루돈은 바실로사우루스보다 작지만 같은 시대, 같은 지역에 살았던 친척이에요. 길이가 5미터쯤 되는데 바실로사우루스와 꼭 닮아서, 도루돈을 처음 발견했을 때 과학자들은 새끼 바실로사우루스인 줄 알았대요.

바실로사우루스에 비하면 도루돈은 그다지 뱀 같지 않았어.

오늘날 고래와 달리, 뒷다리가 있던 자리에 아직 작은 지느러미발이 있었지.

이빨도 들여다볼까?

방금 살펴본 네 종은 고대 고래에 속해. 고대 고래는 이빨이 아주 독특했어. 보통은 입 앞쪽에 난 날카로운 이빨로 먹이를 붙들고, 입 안쪽 깊이 뿌리박힌 삼각 톱날 같은 이빨로 찢어서 먹었지. 고대 고래는 더 작은 바다 동물이나 물고기를 먹고 살았어. 뼈 화석에 남은 상처의 흔적을 보면 거대 상어한테 먹히기도 했어. 하지만 고래가 계속 진화하면서 모든 게 달라지지.

현생 고래가 등장했어

오늘날 고래에는 두 종류가 있어. 수염고래와 이빨고래. 이 두 종류는 3천만 년 전쯤 갈라졌어.

수염고래는 큰 고래야. 이빨이 없지만 바닷물에서 크릴이라는 작은 생물을 걸러 먹고 살아. 입속에 있는 고래수염이라는 각질판을 이용해서 먹이를 거르지. 바닷물을 왕창 들이마신 다음, 커다란 혀를 움직여 물은 고래수염 너머로 내보내고 크릴만 먹어.

이빨고래는 보통 크기가 더 작고, 이빨로 오징어나 물고기를 잡아먹어. 조상들과 달리 오늘날 이빨고래는 이빨 크기와 형태가 대개 다 똑같아. 돌고래와 작은 고래들이 이 부류에 속하지.

수염고래를 중심으로, 고래의 조상이 오늘에 이르는 과정을 살펴보자!

아이티오케투스

표기: Aetiocetus
연대: 2천5백만 년 전 (올리고세)
길이: 4미터

아이티오케투스는 수염고래의 직접적인 조상은 아니에요. 게다가 올리고세에는 이미 수염고래도 살고 있었지요. 그래도 이 종은 대단히 흥미로운데, 입속에 이빨과 고래수염, 둘 다 있었기 때문이에요. 아이티오케투스는 분명 이빨고래의 조상과도 수염고래의 조상과도 가까운 친척이었을 거예요.

고래수염은 화석으로 남지 않았지만, 위턱뼈에 고래수염이 자라는 구멍이 있는 걸 보면 고래수염이 있었다는 걸 알 수 있지.

발라이오놉테라 (대왕고래)

표기: Balaeonoptera
연대: 2백만 년 전 - 현재
길이: 25미터

발라이오놉테라는 지금까지 지구상에 나타난 척추동물 가운데 가장 큰 동물이래요. 이렇게 큰 고래류는 불과 2백만 년 전에 나타났어요.

길고 평평한 주둥이가
서핑 보드 같았어.

토카하리아

표기: Tokaharia
연대: 3천만 년 전 (올리고세)
길이: 5미터

토카하리아는 뉴질랜드에서 화석이 발견됐어요. 뼈의 화학 성분을 보면, 오늘날 고래처럼 남극해 일대에서 남북으로 이동하며 살았다는 걸 알 수 있지요. 지금까지 고래수염이 있다고 확인된 고래 중에서 가장 오래된 종이에요.

고래수염뿐 아니라
이빨도 있었지만 아주 작은 데다
아무 기능도 없었던 것 같아.

거인의 출현

2백만 년 전쯤, 수염고래가 갑자기 거대해졌어. 그 전까지는 길이가 18미터쯤 되는 거대 상어 메갈로돈이 수염고래를 잡아먹었는데, 수염고래가 거대한 크기로 진화하자 메갈로돈도 더는 수염고래를 사냥할 수 없었지.

한편, 이빨고래는 반향 정위 능력*을 갖추는 쪽으로 진화했고, 이 능력을 이용해서 메갈로돈의 공격을 피했어. 주요 먹이를 잃은 메갈로돈은 결국 멸종하고, 수염고래가 바다의 거인으로 떠올랐어.

* 반향 정위 능력은 음파를 내보내고 메아리를 통해 주변 사물의 위치를 알아내는 능력이야.

앞 지느러미발이 크고
뒷발은 없었어.

이빨고래가 음파를 이용해서
먹이를 사냥하는 반면, 발라이오놉테라는
냄새로 크릴을 사냥해.

턱 아래에
세로로 주름이 있어서
크릴을 먹으려고 물을
가득 들이마시면
입이 늘어나.

코뿔소가 거대해졌어

코뿔소 하면 코 위에 뿔이 있고 몸통은 크고 탄탄한 동물이 떠오르지?
짧고 튼튼한 다리로 너른 들판을 어슬렁거리며 풀을 뜯어 먹는 풍경도 그려질 거야.
과학자들은 코뿔소와 닮은 동물 화석을 많이 발견했는데, 수천만 년 전에 살았던 이 동물들은
서로 비슷비슷해 보여도, 알고 보면 계통은 다 달랐어. 왜 그럴까?

아르시노이테리움

표기: Arsinoitherium
연대: 3천만 년 전 (올리고세)
길이: 3미터

북아프리카에서 발견된 아르시노이테리움은 코뿔소와 닮았는데, 뿔 개수가 두 배였어요. 작은 뿔이 두 개, 커다란 뿔이 두 개였지요. 이 동물은 코뿔소보다는 코끼리와 바다소에 훨씬 가까웠어요.

히라키우스

표기: Hyrachyus
연대: 4천8백만 년 전 (팔레오세)
길이: 1.5미터

우리가 아는 코뿔소의 가장 오래된 조상은 지금과 사뭇 달랐어요. 히라키우스는 개만 한 몸집으로, 유럽과 북아프리카 밀림 지대 덤불숲을 날래게 누비며 이파리를 뜯어먹었지요. 아마 코뿔소만이 아니라 맥도 히라키우스의 후예일 거예요.

같은 듯 달라

동물은 진화하니까, 대대손손 살아가면서 생김새가 점점 달라져. 고유의 생태와 환경에 알맞게 변하지.
오늘날 코뿔소의 체형은 코뿔소의 식성과 서식 환경에 더없이 잘 맞아. 아무래도 이런 체형이 여러모로 유리한가 봐. 그러니 오랜 역사에 걸쳐 많은 동물이 서로 계통이 다른데도 이런 체형으로 진화했지. 이런 현상을 '수렴 진화'라고 해. 어룡과 상어와 돌고래도 마찬가지야. 서로 계통은 다르지만 비슷한 체형으로 수렴 진화 했어.

히라코돈

표기: Hyracodon
연대: 3천2백만 년 전 (올리고세)
길이: 1.5미터

뒤늦게 북아메리카에 나타난 히라코돈은 히라키우스와 좀 닮았지만, 이파리보다는 풀을 뜯어먹었어요. 늘씬한 다리와 발가락이 세 개인 발로 잘도 뛰어다녔지요.

시대에 맞게 변해 가

시간이 흘러, 풍경이 변했어. 3천5백만 년 전쯤에 숲이 드넓은 초원으로 바뀌자, 전과는 다른 동물 형태가 달라진 조건에 더 잘 맞았지. 탁 트인 초원에는 숨을 곳이 없었어. 하지만 히라코돈처럼 다리가 길고 발이 가벼운 동물은 맹수를 피해 달아날 수 있었어. 한편, 위협적인 덩치에 육중한 무게를 자랑하는 대형 동물 앞에서는 포식자도 움찔할 수밖에 없었지. 코뿔소는 주로 몸집을 키우는 쪽으로 진화했어. 뿔은 과시용으로 눈에 띄게 발달해서, 짝짓기 상대에게 구애하거나 적에게 경고하는 용도로 쓰였는데, 나중에는 점차 무기로도 유용하게 쓰였어.

트리고니아스

표기: Trigonias
연대: 3천5백만 년 전 (에오세)
길이: 2.1미터

트리고니아스는 히라키우스보다 몸집이 두 배쯤 컸고, 오늘날 코뿔소와 매우 닮았어요. 하지만 뿔이 없다는 점에서 다르긴 달랐지요. 또, 오늘날 코뿔소는 발가락이 세 개지만 트리고니아스는 발가락이 다섯 개였어요. 이 동물들은 북아메리카 평원에 살았답니다.

파라케라테리움

표기: Paraceratherium
연대: 2천8백만 년 전 (올리고세)
길이: 8미터 / 어깨 높이: 4.8미터

파라케라테리움은 지금까지 등장한 육지 포유류 가운데 가장 클 거예요. 유럽과 아시아에 서식하던 뿔 없는 코뿔소로, 키가 기린만 하고 무게는 버스만 했지요. 머리 길이만 해도 사람 양팔을 쫙 벌린 것보다 길었어요. 파라케라테리움은 기린처럼 나뭇가지와 이파리를 뜯어먹었을 거예요. 코는 짤막한 코끼리 코였을 수도 있어요.

이때가 진짜 코뿔소의 시대지!

위풍당당한 종족의 내리막길

약 2천 5백만 년 전 올리고세에 코뿔소는 세계 곳곳에서 눈에 띄었어. 거대한 파라케라테리움부터 더 작은 종들까지 종류도 다양했지. 하지만 이때 이후로는 전체적으로 조금씩 내리막길을 걸었어. 코뿔소가 누비던 평원은 다른 짐승들이 차지했고, 살아남은 코뿔소 종은 오늘날 우리가 익히 아는 모습으로 정착했지. 하지만 180만 년 전쯤에 빙하 시대가 닥치자, 다시 한 번 변화된 환경에 적응해야 했어.

코일로돈타

표기: Coelodonta
연대: 370만 - 1만 년 전 (플라이오세에서 플라이스토세까지)
길이: 3.8미터 (뿔 제외)

일부 코뿔소 종은 보온을 위해 털을 텁수룩하게 길러 추운 환경에 적응했어요. 가장 유명한 예는 코일로돈타예요. 이 털북숭이 코뿔소는 유럽과 아시아에 널리 분포했어요.

엘라스모테리움

표기: Elasmotherium
연대: 260만 - 2만 8천 년 전
   (플라이오세에서 플라이스토세까지)
길이: 5미터 (뿔 제외)

엘라스모테리움도 유럽과 아시아에 살았어요. 코일로돈타와 아주 비슷했는데, 뿔이 정말 거대했지요!

어떻게 알지?

멸종한 동물들은, 뼈 화석만 남은 경우가 많아. 하지만 뼈 화석을 손에 넣어도 모든 걸 다 알 수는 없지. 예를 들어, 엘라스모테리움의 거대한 뿔은 뼈가 아니라 굳게 뭉친 털이었어. 털은 시간이 가면 썩어 없어지니까, 엘라스모테리움의 뿔 화석은 지금껏 한 번도 발견된 적이 없어. 두개골 위에 파인 커다란 홈을 근거로 뿔이 있었다고 추정할 뿐이지. 하지만 코일로돈타 같은 종은 운 좋게도 목격자들이 기록을 남겼어. 우리 조상들이 그린 여러 동굴 벽화가 바로 그런 기록이야!

발가락이 홀수야

코뿔소는 기제류*에 속하는데, 이 계통을 거슬러 올라가면 히라키우스에 이르러. 기제류 동물은 발가락 개수가 홀수지. 오늘날 코뿔소는 다섯 종만 남았는데, 아프리카와 아시아 일부 지역에 드문드문 살아. 개체 수도 얼마 안 되는데, 그마저 심각한 멸종 위기를 겪고 있어. 하지만 같은 기제류 계통에 속하는 말은 전 세계적으로 아주 많지.

진화만 놓고 보면 코뿔소와 말은 공통된 과정을 거쳤어. 다양한 서식지에서 살 수 있는 작은 동물로 출발해서, 대대손손 이어지면서 여러 갈래로 갈라지고, 갈래별로 특정한 서식지나 생태에 적응했지. 그러다 슬슬 멸종하는 종이 생겼어. 살아남은 몇몇 종은 몹시 분화돼서, 특정한 환경에서만 잘 살 수 있어.

* 기제류와 우제류: 발굽이 있는 동물을 통틀어 '유제류'라고 해. '제(蹄)'는 한자로 '굽'을 뜻하지. 유제류 중에서 뒷발 발가락 개수가 홀수인 동물을 '기제류'라고 하고, 발가락 개수가 짝수인 동물을 '우제류'라고 한대.

에오히푸스 (히라코테리움)

표기: Eohippus
연대: 5천5백만 – 4천5백만 년 전 (에오세)
길이: 1미터

말의 계통을 거슬러 올라가면 작고 날랜 몸으로 숲속을 누비고 다니던 에오히푸스에 이르지요. 에오히푸스는 북아메리카와 유럽에 살았어요. 얕게 돋은 이빨은 이파리를 먹기에 알맞았고, 발가락 개수는 홀수였어요. 뒷발에는 발가락이 세 개, 앞발에는 다섯 개였는데 하나는 거의 없어지다시피 했답니다.

에쿠스 (현생 말)

표기: Equus
연대: 현재
크기: 길이 2미터

4천5백만 년 뒤, 온갖 갈래와 곁가지를 거쳐 유일하게 살아남은 말속(屬)이 에쿠스예요. 이 우아한 동물은 달리기의 명수로 발가락이 하나뿐이에요. 강한 턱 근육으로 길쭉하게 돋은 이빨을 움직여 평원의 거친 풀을 뜯어 먹지요.

성공한 친척

수천, 수백만 년 전에는 코뿔소와 말의 조상을 비롯한 기제류가 평원을 지배했어. 이들은 일찌감치 전성기를 누렸고, 이제는 먼 친척인 우제류가 번성하고 있지. 우제류는 발가락 개수가 짝수야. 오늘날 잘나가는 우제류에는 낙타, 소, 양, 사슴, 기린이 있고, 그 밖에도 많아.

코끼리는 아주 작았어

코끼리 하면 뭐가 떠올라? 거대하고 탄탄한 몸통? 길쭉하니 휜 코?
하지만 옛날 옛적 코끼리의 조상은 완전히 달랐어!

코끼리의 시조

열대 지방 얕은 물속에, 웬 포동포동한 동물이 뭉툭한 다리로 서 있어. 몸집은 돼지만 한데, 뭘까? 작은 하마랑도 조금 닮았는데, 이 동물은 모이리테리움이야. 원시 코끼리 중에서 화석으로 온전한 형태를 확인할 수 있는 가장 오래된 종이지. 더 앞선 조상인 포스파테리움도 있는데, 이 종은 두개골만 일부 발견됐어. 포스파테리움은 코가 길쭉했던 흔적이 없고, 이빨을 보면 온갖 먹이를 다 먹었던 듯해. 몸집도 작아서, 어깨높이가 30센티미터가 채 안 됐을 거야.

모이리테리움

표기: Moeritherium
연대: 3천7백만 년 전 (에오세)
길이: 2.5미터

모이리테리움도 포스파테리움처럼 북아프리카에 살았어요. 오늘날 코끼리와 많이 달라 보여도, 바위너구리와는 웬만큼 닮았지요. 바위너구리는 토끼처럼 작고 귀여운 동물이지만, 현존하는 동물 가운데 코끼리와 가장 가까운 친척이랍니다.

몸집이 커졌어

시작은 보잘것없이 작았지만, 코끼리는 표준적인 형태로 빠르게 진화했어. 몇 백만 년 내로 팔라이오마스토돈이 나타났지. 팔라이오마스토돈도 북아프리카에 살았는데 오늘날 우리가 아는 코끼리와 훨씬 닮았어.

팔라이오마스토돈

표기: Palaeomastodon
연대: 3천만 년 전 (올리고세)
길이: 2.2미터

팔라이오마스토돈은 몸집이 커서 입이 땅에 쉽게 안 닿았어요. 그래서 긴 코로 먹이를 집어먹었지요.

크고 무거운 몸

조금 긴 코와 엄니

튼튼한 기둥 같은 다리

화려한 엄니

코끼리가 진화하는 과정에서 코만 길어진 게 아니야.
앞니도 곧 엄니로 진화했어. 엄니는 먹이를 모으는 데 도움이 됐지.
고제3기가 끝날 때까지 코도 엄니도 형태가 다양했어. 그중 몇 가지만 소개할게.

곰포테리움

곰포테리움은 약 3백만 년 전까지 북아메리카와 유럽, 아프리카, 아시아를 돌아다녔어요. 엄니는 총 네 개로, 위턱에 두 개, 아래턱에 두 개 있었지요.

데이노테리움

아래로 휜 엄니는 식물 뿌리와 알뿌리를 파내는 곡괭이로 알맞았는데, 데이노테리움은 이렇게 휜 엄니가 두 개 있었어요.

플라티벨로돈

플라티벨로돈은 '삽 엄니 코끼리'였어요. 아래턱에 삽 모양 엄니가 있어서 부드러운 수생 식물을 떠 올리거나 나무껍질과 잔가지를 긁어낼 수 있었지요. 이 선사 시대 동물은 강판에 채소를 갈듯이, 길고 넓적한 코로 먹이를 끌어다가 삽 엄니 위로 밀어서 입속에 넣었을 거예요.

아난쿠스

아난쿠스는 코끼리 종을 통틀어서 엄니가 가장 길었어요. 엄니 길이 4미터를 합치면 몸길이도 무려 7미터에 달했지요!

쿠비에로니우스

쿠비에로니우스는 아난쿠스보다 몸집은 좀 작았지만, 엄니가 보기 드물게 배배 꼬인 형태라 눈에 띄었어요.

클수록 좋다?

코끼리는 몸을 보호하려고 커졌어. 동물은 저마다 다양한 방식으로 적에게서 몸을 보호해.
달아나거나 숨거나 방호갑을 두르지. 코끼리는 순전히 크기만으로 맹수들한테서 몸을 지킨단다.

과학자들에 따르면 코끼리는 약 2천4백만 대에 걸쳐 점점 거대하게 진화했어.
주로 팔레오세 초에서 에오세 말까지 약 2천5백만 년에 걸쳐 몸집이 커졌지.
이 시기에 코끼리는 아메리카와 유럽과 아시아로, 사실상 오스트레일리아와
남극을 제외한 전 대륙으로 퍼져 나갔어.

현생 코끼리로 진화했어

180만 년 전쯤에 빙하 시대가 닥치자 기온이 뚝 떨어졌어. 많은 동물이 새로운 환경에서 살아남으려면 어떻게든 적응해야 했어. 코끼리도 마찬가지였는데, 일단 몸집이 커서 유리했지. 몸집이 크니까 체온 유지가 잘돼서, 낮은 기온에도 버틸 수 있었어.

몇몇 종은 털가죽을 두르는 쪽으로 진화해서 보온 효과를 높였어. 그중에서도 마스토돈과 매머드가 유명해. 둘 다 털이 덥수룩하지만 헷갈리진 마! 엄연히 서로 다른 종이니까. 제일 다른 건 이빨이야.

맘무트

표기: Mammut
연대: 2천만 ~ 1만 년 전
   (마이오세에서 플라이스토세까지)
길이: 6미터 (엄니 포함)

맘무트는 매머드의 별칭일 것 같지만 실은 마스토돈의 학명이에요. 이빨을 보면 표면이 불룩불룩해서 먹이를 으깨기 좋았어요. 이 동물은 북아메리카와 아프리카, 유럽, 아시아에 널리 분포했지요.

맘무투스

표기: Mammuthus
연대: 5백만 ~ 5천 년 전
   (플라이오세에서 현세까지)
길이: 6미터 (엄니 포함)

맘무투스, 즉 매머드도 북아메리카와 유럽, 아시아에 널리 서식했어요. 빨래판처럼 홈이 파인 이빨은 오늘날 코끼리 이빨과 한결 비슷해요. 먼 옛날 목격자들은 매머드의 생김새를 기록으로 전했는데, 지금도 유럽 각지의 동굴에 벽화나 조각 형태로 남아 있어요.

코끼리는 빨갰다?

털북숭이 매머드는 붉은 털이 덥수룩한 모습으로 묘사되곤 하지만, 사실은 다를지도 몰라. 과학자들은 언 땅에서 털과 가죽이 온전히 보존된 매머드 유해를 종종 발굴하는데, 그럴 때 보면 털이 대개 불그스름하대. 과학자들 얘기로는 털이 원래 밀짚 색깔인데, 죽고 나서 붉어졌을 거래.

도로 줄어든 거인

빙하 시대에 물이 어마어마하게 얼어서 빙하와 만년설을 이루었어. 얼음이 너무 많아지니까, 북쪽에 있던 대륙들은 얼음 무게 때문에 푹 내려앉았어. 다시 말해서, 해수면의 높이도 달라진 거야. 일부 동물은 섬에 갇혀서 섬 생활에 맞게 적응해야 했어.

지중해 말타섬에는 코끼리 집단이 살았어. 시간이 흐르면서 개체 수가 확 줄었는데, 먹이가 많지 않은 섬에서 계속 살아가려면 어쩔 수 없었어.

미국 캘리포니아주 채널 제도에는 난쟁이 매머드도 있었어!

현생 코끼리

오늘날 코끼리는 아프리카코끼리와 아시아코끼리, 두 종류밖에 없어. 아프리카코끼리는 더운 기후에 잘 적응했어. 보온에 효과적인 털가죽이 주름진 맨 가죽으로 바뀌면서 몸의 열기를 쉽게 내보낼 수 있게 됐지. 커다란 귀는 바람에 펄럭이며 몸의 열기를 식혀 주는 냉각 장치 역할을 해.

새가 날기를 포기했어

어떤 새는 날지 않아. 새들은 공룡 시대에 온갖 변화를 거치면서 이상적인 날짐승으로 진화했지만, 어떤 종은 비행 능력을 포기하고 땅에 정착했지. 이런 새를 주금류라고 해.

오늘날 주금류는 타조, 에뮤, 레아, 화식조, 키위뿐이야. 타조는 날개도 있고 깃털도 큼직하지만 그저 과시용이고, 키위는 날개뼈가 있었던 흔적도 거의 없지. 오늘날 새 중에서 타조가 제일 크다지만 최근에 멸종한 다른 주금류 새들은 훨씬 컸어. 고제3기(6천6백만~2천3백만 년 전)까지 훌쩍 거슬러 올라가면, 그냥 큰 게 아니라 정말 괴물 같이 큰 새들도 있었단다!

디노르니스

표기: Dinornis
연대: 145만~6백 년 전
 (플라이오세에서 현세까지)
키: 3.6미터

'자이언트모아'로 널리 알려진 디노르니스는 뉴질랜드에 살았어요. 이 일대에 인간이 들어와 살면서 사냥감으로 삼았지요. 모두 여섯 종이 있었는데, 가장 작은 종은 칠면조만 했어요.

아이피오르니스

표기: Aepyornis
연대: 2백만~1천 년 전
 (플라이오세에서 현세까지)
키: 3미터

'코끼리새'라고도 알려진 아이피오르니스는 마다가스카르 토착종으로 무게가 400킬로그램에 달했어요. 멸종한 지는 천년밖에 안 됐지요. 어쩌면, 〈아라비안나이트〉에 나오는 로크 같은 거대 새 전설은 이 새 때문에 탄생했는지도 몰라요.

왜 날지 않는 거대한 새로 진화했을까?

고제3기 초에 주금류가 번성했어. 공룡은 멸종하고 대형 육식 포유류는 나타나기 전이었지. 포식자를 피해 날아오를 필요가 없으니 주금류는 점점 커지고 무거워졌어. 몇몇 사나운 종은 당대의 대형 포식자로 거듭났지.

수백만 년 뒤 육식 포유류가 득세하자, 주금류는 다른 대형 포식자가 없는 섬이나 대륙으로 물러났어. 마다가스카르에는 사자가 없으니 아이피오르니스가 살아남았지. 뉴질랜드에는 늑대가 없으니 키위와 모아가 번성했어. 적어도 인간이 나타나기 전까지는 그랬어.

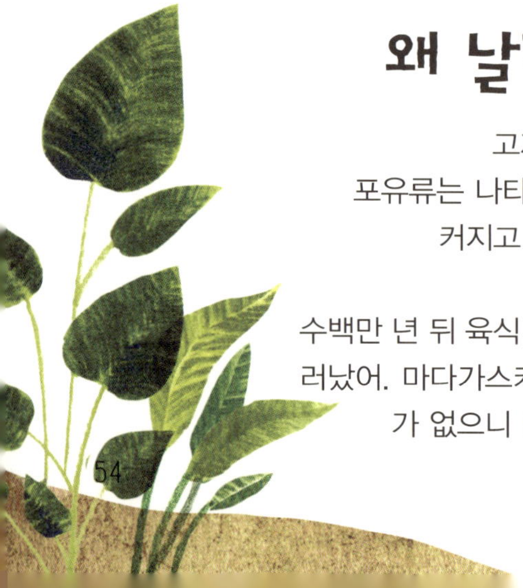

가스토르니스

표기: Gastornis
연대: 5천만 년 전
　　　(팔레오세에서 에오세 초까지)
키: 2미터

가스토르니스는 무시무시하게 생겼지만 커다란 부리로 억센 풀이나 이파리 따위를 뜯어 먹었을 거예요. 초식 동물이었던 듯해요.

켈렝켄

표기: Kelenken
연대: 1천5백만 년 전(마이오세)
키: 3미터

이 거대한 포식자를 보면, 발톱까지 돋은 작은 날개가 티라노사우루스의 앞발과 비슷했어요. 켈렝켄이나 티라노사우루스나 참 무시무시한 도살자였지요.

어디서 왔니?

한때 과학자들은 모든 대륙이 한 덩어리였던 시절에 주금류가 진화했다고 생각했어. 이 거대한 땅덩어리가 여러 대륙으로 쪼개지면서 주금류도 흩어졌다는 거지. 이렇게 생각하면 아프리카에 타조가 살고 남아메리카에 레아가 살고 오스트레일리아에 에뮤가 사는 까닭을 설명할 수 있었어.

하지만 지금은 주금류가 각 대륙에 살던 날짐승을 조상으로 제각각 진화했을 거라고들 생각해. 오늘날 뉴질랜드 키위의 조상은 프로압테릭스라는 작은 새일지도 몰라. 어쩌면 이 새가 오스트레일리아에서 뉴질랜드로 날아갔는지도 모르지. 오스트레일리아에는 지금도 키위와 가장 가까운 친척인 화식조와 에뮤가 살고 있으니까.

프로압테릭스

오늘날의 키위

지금까지 알려진 바로는, 날지 못하는 새가 날 수 있는 능력을 다시 얻은 적은 없어.

포유류가 사냥을 시작했어

오늘날 최상위 포식자라고 하면, 어슬렁거리는 사자나 늑대 무리가 떠오를 거야. 하지만 갯과와 고양잇과를 비롯해서 '식육목'에 속하는 포유류는 뒤늦게 나왔어. 육식성 포유류는 고제3기에 들어서야 비로소 위세를 떨쳤지. 이때를 포유류 시대라고도 해.

공룡이 멸종한 직후, 고제3기 초에는 날지 못하는 거대한 새들이 주된 포식자였어. 하지만 수백, 수천만 년에 걸쳐 먹이를 사냥하는 포유류가 점차 나타났지. 맨 먼저 나타난 건 '육치류'라는 원시적인 무리였어. 육치류는 사냥하는 먹이에 따라 형태도 크기도 다양했어.

트리템노돈

표기: Tritemnodon
연대: 5천만 년 전 (에오세)
길이: 1.5미터 (긴 꼬리 포함)

트리템노돈은 몽구스와 약간 비슷하게 생겼어. 북아메리카의 평지와 나무 위를 오가며 온갖 작은 동물을 잡아먹었지.

히아이노돈

표기: Hyaenodon
연대: 2천3백만 년 전 (마이오세)
길이: 0.5~3미터

히아이노돈은 늑대만 한 몸집으로 덩치 큰 동물을 사냥했어. 북아메리카와 아프리카, 유럽, 아시아 전역에 살았지.

메기스토테리움

표기: Megistotherium
연대: 2천3백만 년 전 (마이오세)
길이: 3미터

메기스토테리움은 머리가 아주 크고 덩치도 곰보다 컸어. 아프리카 토착종인데, 지금까지 육지에 살았던 육식성 포유류 가운데 가장 큰 동물일 거야.

갈아탑니다!

사나운 육치류가 지배하던 시절에, 멀찌감치 비켜 살던 더 작은 동물군이 있었어. 식육목, 다른 말로는 '완전 육식 동물'이지. 초기에 나타난 식육목은 미아키스처럼 몸집이 족제비만 했어. 어쨌든 육치류가 멸종하고 식육목이 득세했는데, 이유는 과학자들도 아직 잘 모른대. 육치류가 식육목보다 뇌가 훨씬 작아서 그럴 수도 있고, 사지가 덜 발달해서 그럴 수도 있어.

식육목은 번성하면서부터 두 갈래로 나뉘었어. 고양잇과, 하이에나과, 몽구스과 등이 한 갈래를 이루었지. 갯과, 곰과, 바다표범과, 족제빗과 등이 또 한 갈래를 이루었어. 이 중에서 고양잇과로 진화한 동물군을 좀 더 자세히 살펴보자.

미아키스

표기: Miacis
연대: 5천5백만 년 전 (팔레오세)
길이: 30센티미터

미아키스는 초기 육식 동물로, 나무에 살면서 작은 동물을 사냥했던 것 같아요. 오늘날 개, 늑대, 여우, 코요테, 곰, 미국너구리, 족제비의 조상이지요.

프로아일루루스는 오늘날 고양잇과 동물보다 머리형이 훨씬 갸름했어.

프로아일루루스

표기: Proailurus
연대: 2천만 년 전 (마이오세)
길이: 60센티미터

유럽과 아시아에 살던 프로아일루루스는 오늘날 담비와 조금 비슷하게 생겼어요. 앞선 시대를 살았던 육치류 트리템노돈과도 닮았지만, 서로 별 관계는 없었지요. 이 동물은 담비처럼 주로 나무에서 사냥하며 시간을 보냈어요.

호플로포네우스

표기: Hoplophoneus
연대: 3천만 년 전 (올리고세)
길이: 1.2미터

북아메리카에 호플로포네우스가 출현할 때쯤에는 고양잇과의 생김새가 친숙한 형태로 진화했어요. 호플로포네우스는 숨어 있다가 슬금슬금 다가가서 먹이를 덮칠 줄 아는 교활한 동물이었지요. 흉포한 이빨은 치명적인 무기였어요. 고양잇과 동물은 갈수록 사냥의 명수로 솜씨를 뽐냈답니다.

살금살금 고양이

호플로포네우스는 발가락 관절이 독특했어. 덕분에 땅에 안 닿게 발톱을 집어넣었다가 필요할 때만 꺼낼 수 있지. 갯과는 이런 관절이 없어서 늘 발톱이 땅에 닿아. 그래서 고양이는 소리 없이 다가오지만, 개가 뛰어다닐 때는 타닥타닥 소리가 나는 거야.

이빨이 너무 커!

고제3기에 진화한 많은 고양잇과 동물은 자기보다 덩치 큰 먹잇감을 사냥해야 했어. 그래서 어떤 부류는 커다란 송곳니가 발달했는데, 송곳니가 오늘날 고양잇과 동물보다 훨씬 컸어. (아래 그림을 봐!)

더크[1]형 칼이빨호랑이

메간테레온은 윗송곳니가 컸어. 입을 다물면 밑으로 불거진 아래턱뼈에 윗송곳니가 안전하게 쏙 들어갔지만, 입을 벌리면 무시무시한 무기로 변했지. 이 고양잇과 동물은 오늘날 표범처럼 잠복 사냥에 능했을 거야. 강력한 앞다리로 몸통을 붙들고 커다란 이빨로 목덜미를 베어 물어 말도 단숨에 쓰러뜨렸을 거야.

시미터[2]형 칼이빨호랑이

호모테리움은 송곳니가 더 길고, 스테이크용 칼날처럼 삐쭉삐쭉했어. 죽은 동물 고기를 베기에 안성맞춤이었지. 호모테리움을 비롯한 시미터형 칼이빨호랑이는 앞다리가 길고 뒷다리는 짧았어. 추운 지방에 살면서 어린 매머드 같은 동물을 사냥했을 텐데, 아마 사냥감이 지쳐 쓰러질 때까지 뒤쫓으며 지구력으로 승부했을 거야.

세이버[3]형 칼이빨호랑이

이빨이 가장 큰 건 스밀로돈 같은 세이버형 칼이빨호랑이였어. 스밀로돈은 몸길이가 2.5미터로, 오늘날 고양잇과 동물보다 훨씬 컸지. 입도 120도까지 쩍 벌릴 수 있었어. 덕분에 30센티미터나 되는 긴 이빨로 먹잇감을 내리찍으면서, 엄청난 목 근육 힘을 더해 무시무시한 치명타를 가할 수 있었어.

---

1) 더크는 스코틀랜드 고유의 단검이야. 칼날이 평평한 일자를 이루다가 끝부분으로 가면 뾰족해지지.
2) 시미터는 고대 아랍 지역에 기원을 둔 검인데, 칼날이 초승달처럼 휜 곡도야.
3) 세이버는 날이 휜 기병용 도검으로, 근대 유럽에서 널리 사용됐어.

고양잇과야 아니야?

칼이빨은 생존에 아주 유리해서 남아메리카에서도 따로 진화했어. 7백만~4백만 년 전에 살았던 틸라코스밀루스는 칼이빨호랑이처럼 생겼지만 알고 보면 유대류였지. 오늘날 캥거루의 친척이었어!

베는 고양이, 무는 고양이

오늘날 칼이빨호랑이는 사라지고 없어. 선사 시대 고양잇과 동물이라고 다 이빨이 큼지막했던 것도 아니야. '베는 고양잇과' 외에도 '무는 고양잇과'로 통하는 중요한 부류가 있었는데, 칼이빨이 없어도 제법 무시무시했어. 고양잇과를 통틀어 가장 덩치가 컸던 동굴사자는 몸무게가 350킬로그램에 달할 만큼 거대하고 위압적이었지! 이 부류 가운데 일부가 살아남아 오늘에 이르렀어.

등뼈가 용수철처럼 탄력 있어서 짧은 거리를 더 힘껏 달렸어.

얼굴형은 짧고 콧구멍은 커서 공기를 한껏 들이마셨어.

길고 묵직한 꼬리로 균형을 잡았어.

다리가 길어서 잘 달렸지.

미라키노닉스

표기: Miracinonyx
연대: 2백만~1만 년 전 (플라이스토세)
길이: 1.4미터 (꼬리 제외)

미라키노닉스는 오늘날 치타처럼 타고난 준족이었어요. 북아메리카 대초원에 살면서 가지뿔영양 같은 발 빠른 초식 동물을 사냥했어요.

판테라 레오 스펠라이아

표기: Panthera Leo Spelaea
연대: 60만~3만 년 전 (플라이스토세)
길이: 2.1미터 (꼬리 제외)

동굴사자는 오늘날 사자와 가까운 친척이지만, 덩치가 10퍼센트는 더 컸어요. 빙하 시대가 한창일 때 유럽에서부터 아시아와 알래스카 저 멀리까지 매머드와 순록을 사냥했지요. 우리 조상들도 분명 이 무시무시한 맹수를 맞닥뜨렸을 거예요. 그러니 동굴에 벽화를 남겼겠지요?

영장류가 나무에서 내려왔어

동물원이나 자연공원에 갔다가 눈이 크고 귀여운 여우원숭이한테 반한 적 있니?
튼튼한 꼬리로 대롱대롱 매달린 남아메리카원숭이나 큼지막한 손으로 가지를 잡고
휙 뛰어내리는 유인원을 보고 감탄한 기억이 다들 한 번쯤은 있을 거야.
우리가 이 동물들한테 선뜻 매료되는 건, 우리와 가장 가까운 친척이기 때문이야.
이 동물들은 영장류고, 우리 인간도 포유류 가운데 영장류 계통에 속하지.

신비로운 기원

과학자들은 오늘날 영장류의 DNA를 근거로 원시 영장류가 오래전 백악기에 나타났다고 추정해. 그렇게 오래된 영장류 화석은 지금껏 발견된 적 없지만, 6천5백만 년 전인 고제3기 초의 흔적은 많아.

최초의 영장류는 같은 시대에 살았던 다른 초기 포유류와 선뜻 구별이 안 됐을 거야. 원시 영장류는 몸집이 작고, 오늘날 나무두더지와 조금 닮았던 듯해. 몸집이 작으니까 필요한 영양분을 섭취할 만큼 이파리를 많이 먹진 못했겠지. 분명 영양분이 더 풍부한 곤충을 먹었을 거야.

원시 영장류는 아마도 이런 모습이었을 거야.

균형을 잡아 주는 꼬리

오늘날 영장류보다는 설치류에 가깝게 눈이 머리 옆에 달렸어.

작은 이빨은 곤충을 잡아먹기에 알맞았지.

짧은 발가락에 발톱이 있어서 다람쥐처럼 나무를 잘 탔어.

플레시아다피스

표기: Plesiadapis
연대: 6천만 년 전 (팔레오세)
길이: 80센티미터

한때 과학자들은 북아메리카와 유럽에 살던 플레시아다피스가 초기 영장류라고 생각했어요. 지금은 같은 포유류지만 계통이 다르다는 걸 알지요. 초기 영장류의 생김새는 대부분 이빨 화석을 근거로 추정할 뿐이지만, 플레시아다피스와 몹시 닮았을 거예요.

갈라지다

영장류 계통은 확립되자마자 빠르게 갈라졌어. 원시적인 원숭이류, 즉 원원류가 한 갈래를 이루었지. 오늘날 마다가스카르를 어슬렁어슬렁 돌아다니는 여우원숭이가 원원류의 후예야.

뇌가 커졌어

또 한 갈래는 원원류를 제외한 고등 원숭이류, 즉 진원류였어. 초기 영장류와 원원류처럼 진원류도 나무에서 살았지. 다른 점은 뇌가 커졌다는 거야. 뇌가 크면 좋은 점이 많지만, 에너지가 많이 든다는 단점도 있어. 인간 같으면 전체 에너지 섭취량의 25퍼센트를 뇌가 사용한대! 그런데 원숭이한테 왜 큰 뇌가 필요했을까?

난노피텍스

표기: Nannopithex
연대: 5천만 년 전 (팔레오세)
길이: 40센티미터

난노피텍스는 초기 원원류로, 유럽 지역에서 발견됐어요. 오늘날 안경원숭이와 조금 닮았지요.

아이깁토피테쿠스

표기: Aegyptopithecus
연대: 3천만 년 전 (올리고세)
길이: 56~92센티미터

이집트에 서식하던 아이깁토피테쿠스는 대표적인 초기 진원류예요. 초기 영장류는 대부분 이빨 화석만 남았지만, 아이깁토피테쿠스는 두개골 일부와 다리뼈도 남아 있어요.

몇 가지 이유를 생각해 볼 수 있어. 일단 열매를 먹이로 삼고부터 먹을 수 있는 종류와 독성이 있는 종류를 구별하는 능력이 필요했어. 나무에서 사는 게 위험한 탓도 있었지. 한 발짝만 미끄러져도 뚝 떨어질 수 있잖아? 그래서 안전하게 지내려면 기술과 집중력이 필요하고, 결국 더 높은 지능이 필요했어. 또, 원숭이는 무리지어 사니까 서로 소통하며 정보를 전달하는 능력도 필요했지.

원숭이가 등장했어. 다음은 누구 차례일까?

진원류의 두 갈래

얼마 뒤 진원류도 둘로 갈라졌어. 한 갈래는 코가 넓적한 광비원류야. 광비원류[1]는 오늘날 남아메리카에서 찾아볼 수 있는데, 튼튼한 꼬리로 나뭇가지를 휘감고 대롱대롱 나무를 옮겨 다니지. 또 한 갈래는 콧대가 서고 콧구멍 사이가 좁은 협비원류[2]야. 협비원류는 아프리카와 아시아에서 발생하고 퍼져 나갔어. 광비원류와 달리, 꼬리로 감아쥐는 힘이 없지.

※ 광비원류는 신대륙에서 발견돼서 '신세계원숭이', 협비원류는 구대륙에서 발견돼서 '구세계원숭이'라고도 불러.

페루피테쿠스

표기: Perupithecus
연대: 3천6백만 년 전 (에오세)
길이: 60센티미터 (꼬리 포함)

페루피테쿠스는 남아메리카에서 발견된 초기 광비원류였어요. 에오세에 살았지만, 오늘날 그 일대에 사는 원숭이와 매우 닮았어요.

사아다니우스

표기: Saadanius
연대: 2천8백만 년 전 (올리고세)
키: 1미터

아라비아의 사아다니우스는 초기 협비원류였어요. 나뭇가지 틈으로 걸어 다녔고 오늘날 랑구르원숭이와 아주 닮았어요. 하지만 코가 더 길었지요.

1) 광비원류는 말 그대로 '코가 넓적한 원숭이류'라는 뜻이야. 꼬리로 나뭇가지를 잘 감아서 '꼬리감는원숭이'라고도 하지.
2) 협비원류는 말 그대로 '코가 좁은 원숭이류'야. 꼬리가 길다고 '긴꼬리원숭이'라고도 해.

이 분기도를 보면 영장류의 여러 갈래가 어떤 관계에 있는지, 서로 얼마나 가깝고 먼지 알 수 있어.

원시 영장류

유인원의 등장

협비원류가 아프리카와 아시아에 자리 잡고 얼마 뒤, 기후가 바뀌면서 풍경도 바뀌었어. 동물이 진화한다는 건 이처럼 환경이 바뀔 때 새로운 조건에서 살아남기 유리한 방향으로 형태와 습성이 변하고 그 변화가 다음 세대로 전해진다는 뜻이야. 이런 원리로 협비원류에서 갈라져 나온 종이 바로 유인원이야. 유인원은 꼬리가 없고, 나무와 땅에서 다 살 수 있고, 뇌가 크다는 점에서 조상과 구별되지.

긴팔원숭이, 오랑우탄, 고릴라, 침팬지, 보노보는 현생 유인원이야. 유인원의 시조는 나칼리피테쿠스로 알려져 있는데, 약 천만 년 전에 케냐에 살았대. 발견된 흔적은 턱뼈와 이빨뿐이야. 나머지 몸이 어떻게 생겼는지는 아무도 몰라! 개코원숭이처럼 네 발로 다녔을 수도 있고, 뒷다리로 서서 걸었을 수도 있지.

나무에서 땅으로

오레오피테쿠스는 백만 년쯤 뒤에 이탈리아에 나타난 유인원이야. 뒷다리로 걸을 줄도 알았지만, 침팬지처럼 건들건들한 두 팔과 두 발로 나무에서 훨씬 수월하게 지냈지. 넓은 어깨와 땅딸한 몸을 보면 알다시피 나무타기의 명수로, 땅에서 걷는 데 완전히 적응하진 못했던 듯해.

오로린
표기: Orrorin
연대: 6백만 년 전 (마이오세)
키: 1.2미터

오로린은 두 다리가 엉덩이에 붙어 있어서 두 발로 걸을 때 몸을 단단히 받쳐 주었어요.

거인이 사람이랑 같이 살았다고?

우리가 아는 가장 큰 영장류는 기간토피테쿠스야. 9백만 년 전에 아시아 일부 지역을 돌아다녔지. 기간토피테쿠스는 오늘날 고릴라와 비슷하게 생겼지만 키가 3미터나 되고 몸집도 두 배로 컸어! 이 거대한 유인원의 후예가 초기 인류와 같은 시대에 살았대!

이제 우리 차례야

플라이오세가 끝나 갈 즈음, 지구는 기후가 계속 변했어. 기온이 줄곧 내려가면서 플라이스토세의 빙하 시대로 나아갔어. 그러면서 환경도 변했는데, 숲 지대는 풀밭과 대초원으로 바뀌었어. 그리고 새로운 영장류가 유인원에서 진화했단다.

새로운 영장류는 탁 트인 환경에 잘 적응했어. 두 다리로 걸으니, 더는 나무 위에서 살 이유가 없었지. 큰 키로 반듯이 서니, 높이 자란 풀밭 너머도 볼 수 있었어. 나뭇가지를 붙잡을 필요가 없으니, 양손이 자유로워서 다른 일도 할 수 있었고. 몸에 털이 거의 없으니, 탁 트인 평원에서 더위를 먹을 일도 없었지. 드디어 현생 인류의 조상이 나타난 거야.

척추가 살짝 굽어서 탄력 있는 충격 흡수 장치처럼 걸을 때 몸을 보호해 줘.

무릎이 튼튼해서 두 다리로 걷기 편해.

오스트랄로피테쿠스

표기: Australopithecus
연대: 250만 년 전 (플라이오세)
지역: 동아프리카
키: 1.4미터

약 4백만 년 전, 오스트랄로피테쿠스가 출현했을 때는 주로 두 발로 걸어 다녔어요.

호모 하빌리스

표기: Homo Habilis
연대: 240만~140만 년 전 (플라이스토세)
지역: 사하라 사막 이남 아프리카
키: 1~1.35미터

호모 하빌리스는 '손재주 좋은 사람'을 뜻해요. 원시적인 석기를 처음 만들어 썼다고 이런 이름이 붙었어요. 석기라고 해 봐야 뾰족한 돌조각인데, 뼈에 붙은 고기를 떼어 내는 데 쓰였던 듯해요.

드디어 인간이야!

빙하 시대가 시작되기 직전에 사람속(屬)*에 속하는 종이 동아프리카에 나타났어. 처음엔 여러 종이 있었지. 호모 에르가스테르도 있고, 도구를 처음 만들어 썼다는 호모 하빌리스도 있었어. 하지만 호모 에렉투스만 살아남아 유럽과 아시아로 진출했고, 이로부터 현생 인류가 진화했단다.

* 현생 인류와 그 직계 조상을 일컬어 사람속(屬)이라고 해. '호모'(Homo)는 사람속의 학명이야.

호모 에렉투스

표기: Homo Erectus
연대: 190만~20만 년 전 (플라이스토세)
지역: 동아프리카, 유럽, 아시아
키: 1.8미터

호모 에렉투스는 동아프리카와 유럽, 아시아에 살았어요. 엉덩이뼈 모양이 현생 인류와 비슷한 걸 보면, 나무에서 사는 습성을 완전히 버린 듯해요. 머리도 앞으로 안 튀어나오고 목 위에 똑바로 자리 잡았어요. 그러니 뇌도, 머리도 더 커질 수 있었지요.

소인족

약 7만 4천~1만 7천 년 전쯤, 인도네시아 섬 지대에 호모 플로레시엔시스라는 아주 작은 인간종이 살았어. 이 종은 키가 겨우 1미터 남짓했지. 섬에는 이렇게 왜소한 형태가 꽤 흔해. 먹을 것이 한정된 환경에서, 몸집이 작으면 필요한 음식량도 줄기 때문이야.

호모 사피엔스

표기: Homo Sapiens
연대: 30만 년 전~현재
지역: 아프리카에서 전 세계로

'지혜로운 사람'을 뜻하는 호모 사피엔스는 앞선 인류보다 뇌가 커요. 호모 사피엔스 종 간에도 차이는 있어서, 눈 색깔과 피부색, 머리색이 다르고, 키와 체형도 제각각이지만요. 그래도 같은 종인 건 표가 나요.

인간종도 여럿이었어

그리 멀지 않은 과거에는 여러 인간종이 공존했어. 호모 에렉투스에서 인간종이 여럿 진화했지. 호모 네안데르탈렌시스(네안데르탈인)는 유럽에 살다가 불과 4만 년 전에 멸종했고, 아프리카에는 호모 로데시엔시스와 호모 사피엔스, 아프리카와 유럽, 아시아에는 호모 헤이델베르겐시스(하이델베르크인)가 살았어. 과학자들은 이들의 관계를 두고 계속 논쟁 중이지만, 하나는 확실해. 오늘날까지 살아남은 건 바로 우리, 호모 사피엔스뿐이야!

진화는 계속될 거야

이런 책을 읽으면, 지구 생명의 역사를 다 안 것 같은 기분이 들지도 몰라.
하지만 실은 그렇지 않아. 인류의 직접적인 조상이 누군지도 확실히 잘 모르잖아?
우리는 아직 모르는 게 참 많아. 앞으로 알아내야 할 것도 참 많고.

그럴수록 고대 동물과 진화의 신비를 연구하면 참 재미있어. 해마다 새로운 무언가가
발견되지. 전에 없던 동물 화석이 발견되기도 하고, 현생 동물을 연구하는 과정에서 유전에 얽힌
새로운 비밀이 밝혀지기도 해. 그러면서 동물의 역사도 점점 더 드러나는 거지.

그런데, 진화는 과거에 시작해서 오늘을 빚고 끝난 사건이 아니야. 지금도 계속
이어지는 과정이지. 동물은 계속 멸종하고, 살아남아서 진화한 다른 동물이 빈자리를 대신해.
진화는 아주 더딘 과정이어서 우리 눈에 안 보일 수 있지만,
어떻든 계속 진행 중이야.

대멸종이 시작된 걸까?

지구 역사에서 여섯 번쯤, 어마어마하게 많은 생물종이 한꺼번에 사라진 적이 있어. 이런 사태를 '대멸종'이라고 해. 대멸종이 일어나면 진화도 급속도로 진행되지. 돌연변이와 자연 선택을 거쳐 살아남은 동물은 새로운 환경을 누릴 수 있어. 백악기 말 대멸종 사태로 공룡은 전멸했지만, 그때부터 포유류 시대가 열리고, 결국에는 현생 인류가 탄생한 것처럼!

우리는 지금 또 다시 대멸종 위기를 겪고 있어. 하지만 이번에는 소행성 충돌이나 화산 활동 때문이 아니야. 우리 인간 때문이지. 우리가 사는 글로벌 시대에는 전 세계가 하나로 이어져서 동식물도 다른 대륙으로 쉽게 건너갈 수 있어. 외래종이 토착종을 몰아내고, 낯선 땅을 점령하기도 쉽지. 인간이 무분별하게 남획해서 멸종한 동물도 많아. 또, 화석 연료를 때서 기후도 점점 변하는데, 이러다 서식 환경도 크게 달라질 거야. 새로운 조건에 적응하는 동물은 살아남겠지만, 적응하지 못하면 멸종하겠지.

미래는 어떻게 될까?

먼 미래에 지구는 변할 거야. 어떤 변화는 예측 가능하지. 예를 들어, 대륙의 움직임을 보면, 대서양은 점점 넓어지고, 오스트레일리아는 점점 북쪽으로 이동하고, 아프리카는 동아프리카 지구대를 따라 쪼개지고, 지중해는 점점 사라져서 산맥에 자리를 내줄 거야.

물론, 예측 불가능한 변화도 있어. 빙하기가 또 올까? 운석이 충돌할까? 어떻든, 한 가지는 확실해. 생명은 살아남아 적응할 거야. 지구가 존재하는 한 생명은 계속 이어지고 진화할 거야. 앞으로도 아주아주 오랫동안.

찾아보기

DNA ·· 13, 60

ㄱ
고래 ··· 13, 40~45
고양잇과 ······································· 56~59
고제3기 ······························· 38, 51, 54~58
공룡 ······································ 22, 24~37, 42
기후 변화 ·· 19, 37
깃털 ··· 34~37
껍데기 ·· 14, 15, 19

ㄴ
날아다니는 파충류 ························· 24, 25
냉혈 동물 ······························· 28, 29, 31
네발짐승 ······························ 16~20, 32, 33

ㄷ
대륙 ··· 11
대멸종 ··· 67
데본기 ··· 17
도마뱀과 ·· 32, 34
돌연변이 ·· 9
동굴 벽화 ·· 48

ㄹ, ㅁ
람포링코이드 ····································· 25
말 ·· 49
물고기 ·· 16, 17

ㅂ
바다 파충류 ································· 21~23
백악기 ······························ 21~23, 27, 30~36
뱀 ··· 12, 32, 33

분기도 ·· 13
빙하기 ·· 67

ㅅ
사냥꾼 ·· 28~29
사지 ······································ 18, 20, 22, 57
새 ·································· 8, 16, 24, 26, 34~37
생명의 나무 ·· 8
석탄기 ··· 18, 19
소행성 충돌 ······································ 28
수장룡(플레시오사우리아) ··················· 22
시조새(아르카이옵테릭스) ············ 34, 35
식육목 ·· 57

ㅇ
악어 ··· 28~31
알껍데기 ··· 19
앨프리드 러셀 월리스 ························ 12
어룡(익티오사우리아) ················ 20~23, 30
엘라스모사우루스과 ························ 22, 23
여우원숭이 ·································· 60, 61
영장류 ··· 60~64
오스트랄로피테쿠스 ·························· 64
온혈 동물 ····································· 27~29
원숭이류 ······································ 61, 62
유인원 ··· 60~64
육식 동물 ···························· 29, 30, 56, 57
육치류 ··· 56, 57
이빨 ························· 20, 21, 23, 26, 28, 34
                        36, 40~45, 50, 52, 57
익룡(프테로사우리아) ····················· 24~25
인간 ··· 60~65

ㅈ, ㅊ

자연 선택	9, 67
전적응	18
주금류	54~55
중력	18
쥐라기	11, 21~26, 30, 35~57
지구	9~11
지질 연대표	10, 11
진화	9~13
찰스 다윈	12
초식 동물	19, 31, 55, 59

ㅋ, ㅌ

캄브리아기	14
코끼리	46, 50~53
코뿔소	46~49
트라이아스기	20, 21, 24, 25, 29

ㅍ

파충류	15, 20, 23, 24~26, 29
판게아	11
페름기	22
폐	16, 17
프테로닥틸로이드	25~27
플리오사우루스과	22, 23

ㅎ

호모 사피엔스	65
호모 에렉투스	65
호모 하빌리스	64
화석	10~15, 24, 66, 67

| 교양학교 그림책 |

고래가 걸었다고?
놀라운 진화의 여정

초판 1쇄 2021년 3월 15일 | 초판 4쇄 2022년 5월 9일
글 두걸 딕슨 · 그림 한나 베일리 · 옮김 황세림 · 추천 이지유 | 펴낸이 황정임 | 펴낸곳 도서출판 노란돼지
경기도 파주시 문발로 115(파주출판문화정보산업단지), 307 (우)10881 | 전화 (031)942-5379 | 팩스 (031)942-5378
등록번호 제406-2009-000091호 | 등록일자 2009년 11월 30일
편집 김성은, 박예슬 | 마케팅 이주은, 이수빈, 고예찬 | 경영지원 손향숙 | 디자인 유고운, 이재민

도서출판 노란돼지는 독자 여러분의 의견을 기다립니다. yellowpig.co.kr 인스타그램_@yellowpig_pub
ISBN 979-11-5995-151-0 73490 ⓒ 노란돼지, 2021
값은 표지 뒷면에 있습니다.

제조국 대한민국 | **사용연령** 5세 이상 | **주의사항** 종이에 베이거나 긁히지 않도록 조심하세요. 책 모서리가 날카로우니 던지거나 떨어뜨리지 마세요.